新貿易壁壘及其應對

趙育琴 著

隨著經濟全球化和貿易自由化的發展貿易壁壘正在發生結構性變化。

傳統貿易壁壘逐漸走向分化，

其中的關稅、配額和許可證等壁壘逐漸弱化，

而反傾銷和反補貼等傳統貿易壁壘則在相當長的時間內繼續存在並有升級化的趨勢；

而以技術壁壘為主的貿易保護主義急遽抬頭，且有越演越烈的趨勢。

這些新貿易壁壘將長期存在並不斷發展，

會逐間取代傳統貿易壁壘成為國際貿易壁壘中的主體。

我們對於國際貿易中的新壁壘必須進行辯證的分析，

一方面，在國際貿易中加強環境保護和企業社會責任管理，

是經濟發展的新動向，有其合理的一面；

另一方面，如果打著環境保護和實施社會責任的幌子，

達到貿易保護的目的，構築起新的貿易壁壘，

則不利於公正、合理的國際經濟政治秩序的建立。

財經錢線

前　言

2001 年 12 月 11 日中國加入世貿組織（WTO）。加入 WTO 十多年來，中國對外貿易額迅速增長。2010 年，中國進出口 29,727.6 億美元，同比增長 34.7%。其中，出口 15,779.3 億美元，增長 31.3%；進口 13,948.3 億美元，增長 38.7%，中國對外貿易經受住了國際金融危機的嚴峻考驗。5 年進出口總額年均增長 15.9%，高於同期世界貿易增長速度。中國出口由世界第三位躍居首位，占全球份額由 7.3% 上升至 10.4%；進口由世界第三位升至第二位，有力地推動了世界經濟和貿易復甦。

隨著經濟全球化和貿易自由化的發展，貿易壁壘正在發生結構性變化。傳統貿易壁壘逐漸走向分化，其中的關稅、配額和許可證等壁壘逐漸弱化，而反傾銷和反補貼等傳統貿易壁壘則在相當長的時間內繼續存在並有升級強化的趨勢；而以技術壁壘為王的貿易保護主義急遽抬頭，且有愈演愈烈的趨勢。這些新貿易壁壘將長期存在並不斷發展，會逐漸取代傳統貿易壁壘成為國際貿易壁壘中的主體。我們對於國際貿易中的新壁壘必須進行辯證的分析：一方面，在國際貿易中加強環境保護和企業社會責任管理，是經濟發展的新動向，有其合理的一面；另一方面，如果打著環境保護和實施社會責任的幌子，達到貿易保護的目的，構築起新的貿易壁壘，則不利於公正、合理的國際經濟政治秩序的建立。

本書主要闡述了新貿易壁壘及其應對策略，包括八個方面的內容：世界貿易壁壘發展；金融危機背景下新貿易壁壘；反補貼措施及其應對策略；反傾銷措施及其應對策略；「市場經濟地位」問題研究；技術性貿易壁壘及其應對策略；綠色貿易壁壘及其應對策略；藍色貿易壁壘及其應對策略。本書作者希望通過自己的努力，為國際貿易壁壘研究盡綿薄之力，為中國企業應對新貿易壁壘提供參考和借鑑，也可為初學者瞭解新貿易壁壘提供幫助。

由於新貿易壁壘問題涉及面廣，內容豐富，與各國法律制度及貿易政策密切相關，然而作者受時間、研究水平和學術環境的局限，因此，對本書的研究分析尚缺乏更深層次的挖掘和探討，不可避免地留下了許多遺漏和不足，歡迎讀者批評指正。

趙育琴

目　錄

第一章　世界貿易壁壘發展

第一節　貿易保護主義的歷史發展

自從資本主義降生以來，特別是工業革命以后，自由貿易和貿易保護主義之爭始終是各國不同政治經濟派別分歧的重要成分。隨著時代的變遷，一國可能從主張自由貿易轉向貿易保護，也可能從貿易保護轉向自由貿易。一般來說，在世界經濟危機時期，貿易保護的聲音往往抬頭；而在經濟繁榮時期，自由貿易又容易成為潮流。對於強國來說，自由貿易是占領弱國市場，打敗弱國企業的旗幟；對於弱國來說，貿易保護是抵禦市場強權，發展民族工業的盾牌。當一國從弱變強時，它就會開始讚同自由貿易；反之，當一國由強變弱時，它又會回到貿易保護主義的立場上去。

在經濟全球化的今天，自由貿易顯得愈發重要，也越來越表現出一定程度上的為一個國家的國民經濟的發展帶來利益，但是對外貿易這把雙刃劍在帶來利益的同時也在衝擊著國內的產業，這點對於世界上的發展中國家來說尤其重要。因此，儘管當今世界的主流是倡導自由貿易，但是各國都在一定程度上實行著貿易保護政策，其中也包括美國在內的眾多發達國家。

一、保護貿易政策和貿易保護主義的早期發展

(一) 保護貿易政策

國家廣泛利用各種措施對進口和經營領域與範圍進行限制，保護本國的產品和服務在本國市場上免受外國產品和服務的競爭，並對本國出口的產品和服務給予優待與補貼。國家對於貿易活動進行干預，限制外國商品、服務和有關要素參與本國市場競爭。

(二) 貿易保護主義的定義

貿易保護主義一說最早出現在 19 世紀前后。最初源於重商主義，以本國利益最大化的目標使各國競相採取貿易保護主義措施。后來的凱恩斯的貿易保護學說、李斯特的幼稚工業保護理論，都為貿易保護提供了理論基礎。

貿易保護主義是指通過關稅和各種非關稅壁壘限制進口，以保護國內產業免受外國商品衝擊的國際貿易理論或政策。關稅、進口配額、外匯管制、繁瑣的進出口手續、歧視性的政府採購政策等都是國際貿易保護主義的重要手段。

(三) 貿易保護主義的特點

(1) 主要保護手段由關稅轉到非關稅措施。一系列的國際貿易與關稅談判中形成的決議，大大降低了關稅總水平。於是各國轉而採取非關稅措施來推行貿易保護主義政策。這些措施靈活、隱蔽、限制性強，目前世界貿易總額一半以上受到各種非關稅限制。

(2) 保護政策對產品的針對性越來越強。對工業品限制逐步減少和降低，但對農產品的保護卻極少松動，同時對工業品中不同商品的限制也有很大差別。

(3) 實行保護政策加強了對不同的國家和地區的區分。一般地說，一國總是針對自己直接、強勁的競爭對手加強貿易保護主義政策，而對其他國家則適當放松。世界多數國家都是根

據自己的國情和競爭對手的狀況，分別採用自由貿易和保護主義政策，以期保護本國經濟的持續發展，增強其在國際中的競爭力。

（四）國家實行貿易保護主義的原因

在對外貿易中實行限制進口以保護本國商品在國內市場免受外國商品競爭，並向本國商品提供各種優惠以增強其國際競爭力的主張和政策。在限制進口方面，主要是採取關稅壁壘和非關稅壁壘兩種措施。前者主要是通過徵收高額進口關稅阻止外國商品的大量進口；后者則包括採取進口許可證制、進口配額制等一系列非關稅措施來限制外國商品自由進口。這些措施也是經濟不發達國家保護民族工業、發展國民經濟的一項重要手段。對發達國家來說則是調整國際收支、糾正貿易逆差的一個重要工具。

在自由競爭資本主義時期，較晚發展的資本主義國家，常常推行貿易保護主義政策。發達國家則多提倡自由貿易，貿易保護主義只是用來作為對付危機的臨時措施。到了壟斷階段，壟斷資本主義國家推行的貿易保護主義，已不僅僅是抵制外國商品進口的手段，更成為對外擴張、爭奪世界市場的手段。

國家實行對外開放政策，但如果本國具有發展潛力的重要產業（如汽車製造業）的發展狀況比同時期國外發展得要慢，為了讓本國的該產業更好地發展，所以一般會採取一些保護性政策（例如關稅或非關稅壁壘）。但保護幼稚產業政策一般具有時效性，當本國的產業發展規模與境外企業不具有明顯差距時，國家會逐漸減弱保護力度。

二、經濟全球化下貿易保護的原因和新特點

（一）經濟全球化下各國實施貿易保護的原因

（1）世貿組織成立的初衷是促進世界經濟的共同發展，可

是各國在世界貿易中仍是以國家利益為最終考慮因素。從經濟全球化的屬性上看，經濟全球化雖然有貿易自由化的一面，但是經濟全球化並不是無視國家的存在，而是尊重國家主權，強調國家利益至上。經濟全球化的這種內在屬性為一國實施貿易保護提供了政治和倫理基礎。從一國政策選擇的路徑上看，貿易保護是貿易自由的準備階段，而貿易自由則是貿易保護政策的演進目標。貿易保護對一國來講，具有雙重目標：其一對內是保護本國產業和市場，對外則是迫使別國停止不公平競爭行為，開放市場的有力武器；其二是培養和提高本國產業的競爭能力。其演變趨勢是取消保護，最終走向貿易自由。但是由於經濟全球化本身不能消除國家之間經濟發展不平衡的發展規律，也不能消除一國內部產業之間不平衡的狀況，所以貿易自由與貿易保護還將繼續並存，這種並存性不是相互排斥的而是相互兼容的。

（2）自由貿易的相對平等性決定了貿易保護上的針對性和歧視性。在經濟全球化下自由貿易相對平等性，主要表現為市場開放程度的相對平等性。具體表現為在世貿組織內發達國家之間市場開放程度要高於或者快於發展中國家，區域性貿易集團內成員之間的市場開放程度要高於非成員等。所謂平等只是集團內成員之間的平等，但對集團外非成員而言卻無權享此待遇。可見，在經濟全球化進程中，雖然整個世界貿易自由化程度提高了，但這種貿易自由只是一種相對自由，絕不是絕對自由。

自由貿易的相對平等性必然決定貿易保護帶有明顯的針對性和歧視性。這種針對性和歧視性突出表現在兩個方面。一是貿易集團對內實行貿易自由、公平競爭的政策，對外實行歧視性的貿易保護政策。二是發達國家在積極推動貿易自由化的同時，仍在不斷地針對發展中國家大宗產品出口設置貿易障礙。

發達國家推行貿易自由化的領域通常是其具有絕對優勢至少是具有比較優勢的領域，如資本技術密集型產業、智力密集型產業和服務業等。相反，發達國家對其不具有比較優勢的產業，則通過放慢市場開放程度，開展反傾銷調查，甚至上調關稅稅率等手段加強保護。值得注意的是這種不公平的貿易保護行為主要是針對發展中國家採取的。發達國家針對發展中國家設置的貿易障礙，不僅削弱了發展中國家具有比較優勢產業的競爭力，而且也給經濟全球化的發展蒙上了一層陰影。

（3）國際性或區域性經濟運行規則和超國家經濟組織，是影響一國貿易自由與貿易保護關係的外部制約因素。在經濟全球化時代，市場擴大和各國之間經濟相互依賴性的增強，使得世界市場上的競爭由過去的對抗性競爭走向合作性競爭。對抗性競爭把競爭看成是一場一決生死的較量，最終將對手趕出去，自己壟斷市場才是這種競爭的目的。因此，在對抗性競爭的情況下，競爭中的雙方無論是國家還是企業在選擇競爭行動時都有很強的獨立性，很少受到約束。而合作性競爭則完全不同於對抗性競爭，合作性競爭的目的是保護競爭，反對壟斷，強調和重視競爭中的合作，並通過合作謀求共同發展實現雙贏。現在的世界經濟已進入各國共同實行自由貿易的公平貿易時代，任何一個國家都不可能在分享他國自由貿易好處的同時，在本國實行保護貿易政策。需要注意的是，發展中國家薄弱的經濟基礎和相形見絀的競爭力，使其難以在經濟全球化和自由化中短期受益。因此，發展中國家應該考慮各自國情、經濟發展水平和承受能力，謹慎選擇參與的方式。但是，發展中國家必須認識到，自由貿易已經成為經濟全球化的重要動力，融合到全球經濟一體化的浪潮中去是發展中國家的唯一選擇。而全球化作為過程和主流的經濟發展方向，自由貿易和貿易保護兩種力量總是處於不斷的較量之中，但是貿易自由化始終是經濟發展的必然趨勢。

（二）經濟全球化下貿易保護的新特點

在自由貿易理念流行、全球化趨勢不斷加強的今天，美國和其他發達國家所實行的新貿易保護主義比舊貿易保護主義有很大發展。其新特點具體如下：

（1）貿易保護傾向並沒有消除，各國的貿易保護措施出現了新的變化，即由公開轉向隱蔽，由固定轉向靈活，由單個國家自我保護轉向區域集團集體保護，由通過貿易政策保護轉向尋求國內產業政策保護等。

《烏拉圭回合最終文件》的生效，使得像關稅、配額、進口許可證等傳統貿易保護手段越來越難以發揮作用，非關稅壁壘開始成為各國實施貿易保護的主要工具。諸如對反傾銷條款的使用、有秩序的銷售安排、安全、衛生防疫、技術標準等較之傳統的貿易保護手段更加多變和隱蔽，從而更能起到限制進口的作用。值得注意的是發達國家還要將勞工標準、環保標準納入世貿組織談判議題，其目的是打著人權與環境的幌子，借機剝奪發展中國家的比較優勢，保護其傳統產業。

區域性貿易集團的出現則使貿易保護措施添上了集團的色彩，集團對內實行貿易自由和生產要素自由流動，對外則形成統一對外的市場機制，對非集團成員實行貿易歧視。其貿易保護手段主要不是關稅，而是諸如技術標準、衛生標準、知識產權、勞工標準等形形色色的非關稅壁壘，這給集團外國家向集團內成員出口設置了障礙。

（2）通過產業政策對一國貿易實施間接保護是經濟全球化下貿易保護的又一特點。這是由於在制定貿易政策上，各成員都要在不同程度上受到共同的國際準則制約。國際準則由國際性貿易準則和區域性經濟運行規則組成，它是為了促進貿易自由化而做出的制度性安排。這些制度性安排在很大程度上削弱了一國借助貿易政策進行自我保護的能力。因此，各國政府或貿易集團便把貿易保護措施轉向不受國際貿易規範制約或者制約較少的國內或集團內的經濟政策，其中產業政策日益成為一國或貿易集團實施自我保護的重要手段。

(3) 新貿易保護主義具有明顯的歧視性。這些非關稅措施都是針對特定國家的。由於新貿易保護主義一方面通過各種歧視性非關稅措施使國內工業避開國際競爭，另一方面又通過補貼手段促使本國產品占領其他國家的市場。

第二節　貿易壁壘的種類

貿易壁壘的種類主要有關稅壁壘和非關稅壁壘。

一、關稅壁壘

所謂關稅壁壘（Tariff Barriers），是指進出口商品經過一國關境時，由政府所設置海關向進出口商徵收關稅所形成的一種貿易障礙。按徵收關稅的目的來劃分，關稅有兩種：一是財政關稅，其主要目的是為了增加國家財政收入；二是保護關稅，其主要目的是為保護本國經濟發展而對外國商品的進口徵收高額關稅。保護關稅愈高，保護的作用就愈大，甚至實際上等於禁止進口。

但無論發達國家還是發展中國家，都不能把「關稅」和「關稅壁壘」等同起來。我們通常所講的關稅壁壘，指的是高額進口稅以及在關稅設定、計稅方式及關稅管理等方面的阻礙進口的做法。按照商務部「投資貿易壁壘指南」，常見的關稅壁壘有以下幾種形式：關稅高峰、關稅升級、關稅配額、從量稅、從價稅。

（一）關稅高峰（Tariff Peaks）

關稅高峰是指在總體關稅水平較低的情況下少數產品維持的高關稅。經過 GATT 八個回合的談判，WTO 成員的平均關稅水平已大幅下降，但一些成員仍在不少領域維持著關稅高峰。例如，某國在烏拉圭回合談判中同意大幅度削減關稅，同時又在幾個產業部門，包括食品、紡織品、鞋類、皮革製品、珠寶首飾、人造珠寶、陶瓷、玻璃、卡車和鐵路機動車等部門保留了關稅高峰，其中陶瓷的關稅為 30%，玻璃杯和其他玻璃器皿的關稅為 33.2% ~38%，載重量為 5 噸 ~20 噸的貨車的關稅為 20%。又如日本一些產品仍保持著較高的關稅水平。這些產品包括農產品、食糖、巧克力甜點（10%）、奶酪和牛奶製品（22.4% ~40%）、甜餅干（18% ~20.4%）、果醬（12% ~34%）、菸熏馬哈魚（15%）、原材料（氧化鉛、熔化的氧化鋁、鎳）。在總體關稅水平較低的情況下，上述特定產品的高關稅不合理地阻礙了其他國家相關產品的正常出口，構成了貿易壁壘。

（二）關稅升級（Tariff Escalation）

關稅升級是設定關稅的一種方式，即通常對某一特定產業的進口原材料設置較低的關稅，甚至是零稅率，而隨著加工深度的提高，相應地提高半成品、製成品的關稅稅率。關稅升級能夠較為有效地達到限制附加值較高的半成品和製成品進口的效果，是一種較為常見的貿易壁壘。關稅升級在發達國家和發展中國家中都存在。

例如，某國為保護國內加工產業或製造業，對適合製造汽車的鋼材適用 5% 的關稅率，而用同種鋼材做成的車身零件的稅率為 15%，成品汽車的稅率則達到 30%。這種關稅升級限制了製成品的出口。

又如美國對進口中、低檔陶瓷製品徵收的關稅高，對高檔陶瓷製品徵收的關稅低，給中國陶瓷製品對美國出口造成障礙。

此外，美國鞋面用皮面積超過鞋面總面積51%的運動鞋的關稅為8%，鞋面用皮面積低於鞋面總面積51%的則為33%。這種不合理的關稅結構，使得中國相關產品在美國市場上處於非常不利的競爭地位。

（三）關稅配額（Tariff Quotas）

關稅配額是指對一定數量（配額量）內的進口產品適用較低的稅率，對超過該配額量的進口產品則適用較高的稅率。實踐中，關稅配額的管理和發放方式多種多樣，如先領、招標、拍賣、行政分配等。配額確定、發放和管理過程中的某些不適當做法可能會造成對貿易的阻礙。在行政分配情況下，壁壘措施可能會出現在以下環節：

（1）配額量的確定。例如，某WTO成員根據《保障措施協議》第5條第一款實施數量限制時，所確定的配額量低於其最近3個代表年份的平均出口量，因此該配額量構成貿易壁壘。

（2）配額發放和管理。配額發放和管理缺乏透明度或公正性，也會形成貿易壁壘。如某國奶製品的關稅額管理缺乏透明度，有時甚至將配額發放給不再從事奶製品生意的企業，造成配額放空。

此外，在以拍賣、招標等方式發放關稅配額的過程中，人為操縱或其他原因也可能造成對進口產品的壁壘措施。

（四）從量稅（Specific duty）

從量稅是按照商品的重量、數量、容量、長度和面積等計量單位為標準計徵的關稅。其中重量是較為普遍採用的計量單位，一些國家採用毛重的計量方法，一些國家採用的是淨重的計量方法，或採用「以毛作淨」等計量方法。

從量稅額計算的公式是：

稅額 = 商品的數量 × 每單位從量稅

如中國白酒從2001年起對白酒企業徵收的一項稅款，無論售價多少，每500毫升的從量稅統一為0.5元。

徵收從量關稅的特點是手續簡便，可以無須審定貨物的規格、品質、價格，便於計算。因單位稅額固定，對質次價廉的低檔商品進口與高檔商品徵收同樣的關稅，使低檔商品進口不利，因而對其保護作用比較大。國內價格降低時，因稅額固定，稅負相對增大，不利於進口，保護作用加強。為此，有的國家大量使用從量關稅，尤其被廣泛適用於食品、飲料和動、植物油的進口方面。美國約有33%稅目欄是適用從量關稅的；挪威從量關稅也占28%。由於發達國家的出口商品多屬較高的檔次，相比發展中國家承擔低得多的從量關稅稅負。

（五）從價稅（Advalorem Duty）

從價稅是按照進口商品的價格為標準計徵的關稅。其稅率表現為貨物價格的百分率。

計算公式是：

稅額＝商品總值×從價稅率

目前世界各國實行的大部分稅種都屬於從價稅，中國現行稅制中的增值稅、營業稅、房產稅等稅種也屬於從價稅。

從價稅是各國採用的主要徵稅方式。因為：

（1）由於從價稅是按照貨物的價值計算的，可以較容易地估算出應得多少財政收入。

（2）從價稅稅額隨著商品價格的變動而變動，從價關稅對加工程度高的產品或奢侈品的進口構成障礙。例如，從量稅為1升/2美元，對於價值2美元一瓶的廉價酒來說，稅率為100%；而對於價值20美元一瓶的高價酒而言，只相當於10%的稅率。10%的從價稅對於較廉價的酒的稅賦為0.2美元，較昂貴的酒的稅賦為2美元。

（3）在國際關稅減讓談判當中，以從價稅為基礎容易比較各國的關稅水平及談判關稅減讓。但是，按從價稅徵收的關稅很大程度上取決於使用何種方法確定應稅的完稅價格。因而，假如海關確定完稅貨物價值為1000美元，那麼，按照10%的從價稅就得徵收100美元的關稅。海關如果確定完稅價格為1200美元，那麼，進口商就不得不為同一商品交納120美元的進口關稅。如果海關不以發票上列明的價格作為確定價值的依據，而採取其他方式，那麼，關稅減讓對貿易產生的好處就會大打折扣。因此，為了確保進口商應納關稅不高於進口方關稅減讓表中所確定的正常關稅水平，因此，確立對貨物進行估價的規則，便顯得至關重要。

同非關稅壁壘比較，第二次世界大戰后關稅壁壘呈現明顯的下降趨勢。目前，發達國家工業品關稅已降到3%～4%，發展中國家則降到12%～13%，但並不是說關稅在當前國際貿易中的作用已經無足輕重，目前關稅仍然在當前國際貿易中仍發揮著重要作用。特別是許多發展中國家由於缺乏構築技術和綠色壁壘的能力，關稅甚至還是它們保護民族工業和國內市場的主要手段。從目前來看，關稅仍然是國際貿易中的重要壁壘。因為：

（1）關稅較低的平均水平掩蓋了某些商品的高關稅。比如美國，工業品的平均關稅雖然只有3%，但有些工業品的關稅卻高達30%～40%。

（2）名義關稅的較低稅率掩蓋了關稅的有效保護率。在對最終產品和中間產品都徵收關稅的現實情況下，關稅的有效保護率和對最終產品的名義保護率是不同的。日本關稅的有效稅率約為名義關稅率的2～2.5倍。20世紀60年代初，美國進口生鐵的名義稅率為2%，關稅的有效保護率卻為9%；服裝的名義稅率為25%，關稅的有效保護率卻為36%。

名義關稅是指一國對同本國某行業相競爭的外國商品徵收的進口稅，有效稅率指納稅人真實負擔的有效稅率，等於納稅人實際繳納的稅額除以課稅對象。

（3）較低的正常進口稅率掩蓋了較高的進口附加稅。當一個國家進口商品時，除了按照正常公布的稅率徵收進口稅外，在需要時，還按照臨時公布的稅率另外加徵一部分進口稅。其目的或者是為了應付國際收支危機，或者是為了防止外國實行商品傾銷，或者是對某個國家實行歧視政策。如1971年8月15日，美國為了減少進口，解決它的國際收支危機，實行「新經濟政策」，宣布徵收10%的進口附加稅。使許多國家的出口受到重大影響。后來，美國政府在其他國家強烈反對下，不得不取消了這一稅率。

（4）實行反傾銷稅是目前國際上，特別是發達國家通常使用的限制進口的手段。反傾銷是WTO允許成員國採取的保護本國產品和市場的一種手段，但它正被發達國家所濫用。20世紀90年代以來，中國成為國際反傾銷的最大受害者，涉及金額數百億美元，有的對反傾銷稅率甚至超過100%。1993—1994年，墨西哥對中國十大類四千多種商品徵收所謂反傾銷稅達16%~1105%。

（5）隨著區域集團化趨勢的發展，關稅成為參加關稅同盟的國家對非成員國商品實行進口限制的手段。參加關稅同盟的國家，比如歐洲經濟貨幣聯盟成員國，對內實行自由貿易，對外徵收關稅時實行統一稅率。

二、非關稅壁壘

非關稅壁壘，是指除關稅以外的一切限制進口措施所形成的貿易障礙，又可分為直接限制和間接限制兩類。直接限制是指進口國採取某些措施，直接限制進口商品的數量或金額，如進口配額制、進口許可證制、外匯管制、進口最低限價等。間接限制是通過對進口商品制定嚴格的條例、法規等間接地限制商品進口，如歧視性的政府採購政策，苛刻的技術標準、衛生安全法規，檢查和包裝、標籤規定以及其他各種強制性的技術法規。

（一）濫用以下措施，往往對貨物貿易造成壁壘

進口許可（import licensing）；

出口許可（export licensing）；

進口配額（import quotas）；

進口禁令（import prohibition）；

技術性貿易壁壘（teehnical batriers to trade）；

出口限制（eport restrictions）；

政府採購（government procurement）；

補貼（subsidies）；

自願出口限制（voluntary export restraints）；

當地含量要求（domestic content regulations）；

國家專控的進出口貿易（the operations of import State Trad-ding Enteprises）；

衛生與動植物檢疫措施（sanitary and phytosanitary meas-ures）；

反傾銷、反補貼保障措施等貿易救濟措施（anti - dumping，counter vailing，safeguards and other trade remedy measures）。

（二）妨礙與貿易有關的投資的措施

（1）投資准入範圍的限制（aceess restrictions）；

（2）稅收歧視（tax discrimination）；

（3）外國股權的限制（foreign ownership restrictions）。

（三）妨礙服務貿易的措施

（1）准入限制（access restrictions）；

（2）外國股權的限制（foreign ownership restrictions）。

（四）妨礙與貿易有關的知識產權的措施

妨礙與貿易有關的知識產權的措施，對知識產權保護力度不夠等。

三、國際貿易壁壘的特點

國際貿易壁壘分為關稅壁壘和非關稅壁壘，其設置的目的是各國政府為保護本國的經濟不受外來產品的衝擊。然而，過度的貿易保護並不利於一國經濟的發展。而世界貿易組織（WTO）正是以倡導自由貿易為宗旨。加入 WTO 后，中國對外出口遇到的情況是，關稅壁壘逐步弱化，紡織品配額也逐步取消。與此同時，所遇到的其他貿易壁壘卻比以前嚴重，這表現在以下兩個方面：

（一）國外針對中國產品的反傾銷力度加大

反傾銷（Anti－DumPing）指對外國商品在本國市場上的傾銷所採取的抵制措施。對中國實施反傾銷的國家，不僅有歐美、澳大利亞、加拿大、日本等發達國家，也有像土耳其、埃及、印度、韓國這樣一些發展中國家；所涉及的產品既有日用品行業，也有機電行業，既有製造品，也有礦產和養殖品。資料顯示，20 世紀 90 年代以來，中國反傾銷案件占世界總量的 1/7 ~ 1/6，而加入 WTO 后，這一比例大大增加，中國已經成為外國反傾銷的主要目標國家。

（二）技術性壁壘已經成為中國產品出口的主要障礙

廣義的技術性貿易壁壘包括技術法規、技術標準與合格評定程序，產品檢疫、檢驗制度與措施，包裝和標籤規定，信息技術壁壘以及綠色壁壘五個方面。中國 70% 的出口企業和 40% 的出口產品遭遇技術性貿易壁壘的限制。所涉及的行業主要有農業、紡織服裝業、輕工、機電、五礦化工和醫療保健業。

第三節　貿易壁壘的發展及影響

一、貿易壁壘的發展

隨著貿易自由化進程的不斷加速，關稅與傳統非關稅壁壘不斷削減，技術性貿易壁壘（Technical Barriers to Trade，TBT）目前已經成為主要的國際貿易壁壘形式。《技術性貿易壁壘協議》，簡稱《TBT 協議》，是世界貿易組織管轄的一項多邊貿易協議，是在關貿總協定東京回合同名協議的基礎上修改和補充而成的。在國際貿易競爭中，使用 TBT 的各種目的和各種貿易壁壘形式交織在一起，使貿易摩擦形勢更加複雜化、尖銳化。TBT 更具名義上的合法性、合理性、巧妙性，是更加冠冕堂皇的貿易壁壘手段。

在全球貿易競爭日趨激烈的形勢下，以技術法規、技術標準和合格評定程序為主要內容的技術性貿易壁壘已經成為世界各國調整貿易利益的重要手段。

TBT 有其科學的定義，它是指一國（地區）為維護公民、動植物、環境安全、防詐欺、保證產品質量和貿易秩序而採取的強制性的或自願性的技術措施。這些措施將對其他國家（地區）的商品、服務貿易和投資自由進入該國（地區）市場產生影響。狹義的 TBT 主要是指世貿組織《技術性貿易壁壘協議》規定的技術法規標準和合格評定程序；廣義的 TBT 不僅包括世貿組織的《技術性貿易壁壘協議》，還包括動植物及其產品的檢驗和檢疫措施，包裝標籤標誌要求、綠色貿易壁壘、信息技術壁壘等，它們也經常以技術法規、標準、合格評定程序形式出現。

(一) TBT 的主要表現

TBT 的主要表現：一是制定苛刻的技術標準；二是嚴格的產品認證制度；三是繁瑣的檢驗程序。

(二) TBT 的主要特點

(1) 形式上的合法性。發達國家積極制定技術標準和技術法規，為技術貿易壁壘提供法律支持。WTO 也制定國際性的技術標準和技術法規，從而使技術性貿易壁壘有了形式上的合法性。

(2) 實施上的隱蔽性。技術壁壘間接作用於國際貿易領域中，它的保護性更為隱蔽，影響更難預測。它在看似公平的法律法規中，摻進了國與國之間發展水平的差異性和人為的因素，有意把一些標準或規定複雜化，使外國進口商品難以符合這些規定的要求，成為一些國家限制外國商品進入國內市場的借口。

(3) 範圍上的廣泛性。技術性壁壘涉及面非常廣。從產品看，不僅包括初級產品，還涉及所有的中間產品和工業製成品；從過程看，其涵蓋了研究開發、生產加工、包裝運輸、銷售和消費等整個產品的生命週期；從領域來看，從有形商品擴展到金融、信息等服務貿易及環境保護等各個領域。

(4) 法規上的嚴格性。各國為有效保護本國市場，阻礙外國商品的進入，不斷在標準和法規上下工夫，使原有的標準和法規日趨嚴格。

(5) 標準上的爭議性。WTO 原則允許各國根據自身特點(如地理及消費習慣等)，制定與別國不同的技術標準。因此許多國家可以利用各國標準的不一致性，靈活機動地選擇對自己有利的標準。這樣就導致不同國家之間相互協調的難度加大，更多地引發國際貿易糾紛等。

(三) TBT 的作用

運用 TBT 的目的一種是正確使用技術性貿易保護措施，維護本國產業的合法權益。另一種是過度使用技術性貿易保護措施，行貿易保護主義之實。這兩種目的都會使技術性貿易摩擦形勢複雜化。

二、貿易壁壘的影響

(一) 市場准入

市場准入（Market Accees），是指一國允許外國的貨物、勞務與資本參與國內市場的程度。技術壁壘的直接影響，就是許多產品由於技術環保、安全因素無法進入目標市場或被迫退出目標市場。造成這種狀況的原因有：出口產品不符合進口國的標準要求，被拒之門外；貿易對象國任意提高標準，致使出口企業無法達到其標準；標準提高增加了出口成本，一些出口企業無法承擔費用，不得不退出市場。

對於那些出口市場集中在歐、美、日等發達國家和地區的出口國，由於這些國家往往在產品的安全、環保和衛生等方面均制定了比較高的標準，以至於影響到出口國出口企業的出口成本。具體來說，首先是認證費用，技術性貿易壁壘引發的檢驗環節和認證制度產生的相關費用，直接增大了企業的出口成本。其次是適應性成本，國外技術標準和法規經常變動，企業為適應新壁壘，要不斷收集信息，重新認證甚至更改工藝流程，聘用新員工，由此而增加了企業的適應性成本。最后是銷售成本，包裝和標籤壁壘迫使企業更換包裝形式，這除增加包裝成本外，還要重塑商譽。此外，企業還必須支付額外的廣告費用。在這種情況下，出口國的出口企業在自身成本的約束下無法及時地調整、適應國外的技術標準而導致出口產品數量下降，市場份額減少。

(二) 產品競爭力

對產品競爭力的影響主要表現在沒有獲得有關認證產品的

市場競爭力大大降低；為達到相關標準而增加原料成本，削弱了產品競爭力；技術、環保以及改善勞動條件的投入使成本增加，削弱了企業競爭力；過高的檢驗檢疫費用導致產品競爭力下降；過貴的認證費用導致產品競爭力下降。

目前，人們對健康和環境越來越重視，有環境管理體系認證企業的產品或有環境標誌認證的產品越來越受青睞，這就導致沒有取得相應認證產品的市場競爭力大大降低。

第二章　金融危機背景下新貿易壁壘

貿易保護伴隨國際貿易的產生而出現，只要有國際貿易，各國為保護本國市場和相關產業，就必然有貿易保護存在。傳統的貿易保護主義，由於受到 WTO 規則的約束，其作用大為削弱。自 20 世紀 70 年代起，新的貿易保護主義開始興起並且愈演愈烈。所謂新貿易保護主義，是指 20 世紀 70 年代以后國際貿易領域中形成的以非關稅壁壘為主，以關稅壁壘為輔的新的貿易保護主義手段。當前全球新貿易保護主義迅速發展，嚴重威脅世界公平貿易，影響了廣大發展中國家尤其是中國相關產業的健康發展。

第一節　新貿易壁壘產生的背景和發展趨勢

一、新貿易保護主義的形成背景

20 世紀 70 年代以后，傳統的貿易保護手段受到國際貿易規則的限制，尤其是進入 90 年代以來，隨著烏拉圭回合談判的結束及世界貿易組織的建立，國際貿易趨向自由化，各種關稅壁壘被逐步削減、非關稅壁壘逐步被取消，傳統的貿易保護手段越來越受到國際貿易規則的限制和約束。於是，突破傳統的貿易保護手段，尋求新的貿易保護措施已成為必然。新貿易保護主義在此背景下誕生，它是一種新的貿易保護主義，其目的仍是鼓勵出口，限制進口。新貿易保護主義是在新的全球貿易條件下，尋求以新的形式規避多邊貿易制度的約束，實施貿易保護，以保護本國就業，維持本國在國際分工和國際交換中的支配地位。新貿易保護主義方式從獎勵出口和限制進口向支持和保護國內產業延伸，保護範圍從貨物貿易向服務貿易、知識產權等領域延伸。其與傳統貿易保護主義相比，新貿易保護主義具有保護的隱蔽性、範圍的廣泛性、影響的雙刃性、手段的多樣性、技術的複雜性等特點。它與傳統貿易保護主義的不同之處，主要在於它主要以綠色壁壘、技術壁壘、反傾銷和知識產權保護等非關稅壁壘措施為表現形式，通過貿易保護，達到規避多邊貿易制度約束，適應本國政治目標，保護本國經濟和就業增長，維持在國際競爭中的支配地位。

2008 年由美國金融危機引起的全球金融危機使得當下的新貿易保護主義之風有愈演愈烈之勢，對出口有很大依賴性的發展中國家的經濟特別是對中國產生了巨大的不利影響。

2009 年 3 月 16 日，澳大利亞外商投資審核委員會（Foreign Investment Review Board）發布公告稱：就中國鋁業公司 195 億美元增資力拓的交易案，審查期限將再延長 90 天。3 月 27 日，澳大利亞財長韋恩·斯萬（Wayne Swan）表示，出於國家安全方面因素的考慮，中國五礦集團對 OZ 礦業的收購若包含 Prominent Hill 銅金礦資產，交易將不予以通過。一樁普通的商業收購最終以國防安全的理由被否，中國五礦集團對澳大利亞礦業巨頭 OZ Minerals 公司高達 18 億美元（26 億澳元）的收購遭澳大利亞政府否決。澳大利亞財長韋恩·斯萬的聲明再度重燃了目前在全球逐步升級和加劇的貿易保護主義紛爭。在美國眾議院

2009年2月份通過的《2009年美國復甦與再投資議案》，「buy American」（買美國貨）這一條款赫然在列。新貿易保護的手段林林總總，但其特徵卻有跡可循。

二、新貿易壁壘的特點

新貿易壁壘主要興起於發達國家，以高新技術的發展為載體，以技術壁壘為核心，體現出更複雜、更隱蔽、更歧視、範圍更廣的新特徵和健康、安全、環保等新內容向著多邊貿易規則發展的動態趨勢。2008年美國金融危機引發的全球經濟危機，使發達國家和發展中國家不斷陷入其中，時至今日，金融海嘯一波未平，一波又起，加深了經濟危機的深度和廣度，全球經濟變得越來越難以駕馭。這次經濟危機引發的貿易保護主義與傳統貿易保護主義相比具有一些新的特點。

（一）涉及範圍廣

在經濟全球化發展的過程中，新貿易保護主義具有全球性。在市場經濟體制共識基礎上的經濟全球化，通過金融、貿易、服務把世界各國結合在一起，國內外市場日益融合，經濟發展正傳遞和經濟危機的負傳遞加快。在美國帶有貿易保護主義色彩的「買美國貨」條款的示範下，可能引燃全球性的貿易保護主義之火。保護商品的範圍日益擴大。居於經濟全球化「火車頭」地位的美國，其金融海嘯和經濟危機正通過經濟全球化的各種渠道向其他國家和地區蔓延，使危機帶有世界性。傳統貿易保護主義保護的是幼稚工業、弱小的新興工業或與國內就業密切相關的行業，主要涉及傳統貨物與農產品。新貿易保護主義除了堅持對傳統的幼稚工業、弱小的新興工業的保護，還把保護範圍擴大到新興服務業、高技術產業以及知識產權等領域，而且實施貿易保護的國家由以前主要是發展中國家發展為當下的以發達國家為主的世界大部分國家。目前，受到保護的商品已經涉及各個行業，被保護的商品也在不斷增加。

（二）區域化和集團化

新貿易保護主義正逐步向區域化和集團化方向發展，隨著國際經濟競爭的日益加劇，一些國家紛紛結成各式各樣的經濟貿易組織，區域化和集團化趨勢加強。新貿易保護主義不再以國家貿易壁壘為基礎，而趨向區域性貿易壁壘，即由一國貿易保護演變為區域性貿易保護。顯而易見，區域化和集團組織具有天然的排他性和貿易保護性，組建區域性經貿集團一方面可以實行內部自由貿易以促進內部經貿的發展，另一方面可以通過對外構築貿易壁壘，抵制貿易對手的入侵，保護區域成員的市場。同時可以憑藉組建經貿集團力量抗衡和抵制外部國家的報復與競爭。在當今世界上，歐盟、北美自由貿易區、安第斯條約組織、東盟、西非共同體等經貿集團遍布全球。據世界銀行統計，截至2004年，全球已有174個國家（地區）至少參加了一個區域貿易協定（RTA），只有12個島國（地區）沒參加任何區域貿易協定。它們幾乎無一例外地在內部實行自由貿易而對外實行嚴格的保護，從而嚴重削弱了世界範圍內的貿易自由化。

（三）利弊雙刃性

新貿易保護主義是一把雙刃劍。由於科學技術、資金和檢驗能力的相對落后，在興起的新貿易保護主義面前，發展中國家將處於被動和弱勢地位。無論是反傾銷、反補貼還是技術性貿易壁壘，都不同程度存在著發達國家對來自發展中國家的產品歧視問題，有時公然違背了發展中國家加入WTO法律文件中有關措施啓動的前提條件，嚴重違反WTO一貫倡導的公平貿易原則。比如中國一些日用品進入美國市場時，美國常常誇大事實，認為對其構成市場威脅，單邊採取反傾銷措施。而且在多邊貿易體制內部，形成了發達國家一直控製和操縱多邊貿易體制，對多邊貿易談判規定自己的目標，強迫發展中國家接受對其不利的條件。正在興起的貿易保護主義將從發展中國家向發達國家蔓延，使發展中國家受到重創，但在經濟全球化傳遞機制加速的情況下，又會出現反向作用，成為發達國家的「飛去歸來器」，陷入誰都保護不了的局面。

（四）形式隱蔽性

傳統貿易保護無論是數量限制還是價格規範，相對較為透明，人們比較容易掌握和應對。而新貿易壁壘則不同，其隱蔽性極強。以經常被使用的貿易保護手段技術性貿易壁壘為例，它的隱蔽性在於國際貿易規則上沒有被禁止，為了保護環境、人類和動植物生命安全和健康，保護國家基本安全、防止詐欺行為等合法目的，WTO 賦予了成員國可以制定和實施技術法規、標準、合格評定程序、衛生與植物衛生措施的權利。成員國特別是發達國家利用這項權利制定各項標準、技術法規和合格評定程序為主要內容的技術性貿易措施來保護其國內產業和市場，以形式上的合法性掩蓋其貿易保護之目的。

（五）方法複雜性

新貿易壁壘涉及的多是技術法規、標準及國內政策法規，它比傳統貿易保護主義中的關稅、許可證和配額複雜得多，涉及的商品非常廣泛，評定程序更加複雜。比如，發達國家採用的技術性貿易壁壘措施形式多樣，每一種形式本身都經歷了一個發展的過程，並形成一個複雜的體系。以產品質量認證為例，產品質量認證包括安全質量認證、性能質量認證、衛生環境質量認證。產品質量認證是國際上通行的用於產品質量評價、監督產品質量管理的有效手段。出口產品只要加貼了這種標記、標誌，就等於獲得了產品安全質量信譽卡，就容易被海關、進口商、經銷商和各國的消費者接受。而以產品質量認證為形式的貿易保護手段則很難被分辨或被指責，難以判斷名義繁多的貿易保護主義手段是正當還是不正當。

三、新貿易壁壘的發展趨勢

隨著新貿易壁壘的出現和發展，貿易壁壘正在發生結構性變化。傳統貿易壁壘逐漸走向分化，其中的關稅、配額和許可證等壁壘逐漸弱化，而反傾銷等傳統貿易壁壘則在相當長的時間內繼續存在並有升級強化的趨勢。以技術壁壘為核心的新貿易壁壘將長期存在並不斷發展，會逐漸取代傳統貿易壁壘成為國際貿易壁壘中的主體。

由於新貿易保護主義具有隱蔽性、不易察覺性等特點，因此它的影響也從多方面表現出來，主要包括以下幾方面：

（一）各國對防止貿易保護主義虛多實少

資本國際化與企業利潤最大化的追求和世界貿易組織規則的約束，理論推導貿易保護主義的危害，使國際組織和發達國家都對抬頭的貿易保護主義進行譴責，但有些虛多實少，言不由衷。2008 年 11 月 15 日，包括美國、日本、歐盟等 20 國集團首腦承諾至少 12 個月內不會實行保護主義措施。首腦們的共同聲明墨跡未干，參會的許多國家就把承諾放在腦后，美國首先食言，奥巴馬總統一上臺，就率先採取「購買美國貨」的保護市場的措施。根據世界貿易組織報告，2008 年秋天以來，在金融海嘯和經濟危機衝擊下，有 22 個世界貿易組織成員採取了提高關稅、支持國內產業發展政策等貿易保護主義措施；有些世界貿易組織成員一方面表示要遵守世界貿易組織規則，同時曲解和利用反傾銷、反補貼、一般保障和特殊保障措施，在「科學和合理」名義下，獨立設置帶有歧視性的技術性和綠色貿易壁壘措施，如在「為了公眾利益」的口實下，印度政府 2009 年 1 月 23 日宣布禁止進口中國玩具長達 6 個月的禁令。

（二）反傾銷和反補貼調查

在關稅壁壘不斷削弱的今天，利用反傾銷這種被世界貿易組織認定和許可的合法手段來保護本國產業和市場的做法，已成為大多數國家進行新一輪貿易保護的有效工具。自 20 世紀 90 年代以來，國外對華反傾銷愈演愈烈，根據世界貿易組織發布的信息顯示，截至 2008 年中國已連續 14 年成為世界上遭受反傾銷調查和實施反傾銷措施數量最大的國家。

統計顯示，2008 年 10 月至 2009 年 5 月中國已遭遇貿易救濟調查 69 起，涉案金額 91.56 億美元。2009 年一季度全球新增反傾銷、反補貼和特保調查案同比上升 18.8%，其中超過三分之二涉及中國產品。6 月下旬，美國在 10 天內對中國鋼鐵產品發起三項反傾銷反補貼合併調查，其中油井管案涉案金額達 32 億美元；歐盟上半年新發起兩項反傾銷調查均針對中國，正式採取的二項反傾銷措施也都指向中國，並對中國線材、鋁箔和無縫鋼管作出了反傾銷初裁。

不只是發達國家，金融危機爆發以來，阿根廷、俄羅斯、印度等貿易夥伴也開始採取種種限制進口措施。例如，中國已成為印度第一大貿易夥伴，但 2008 年下半年印度提起的 42 起反傾銷調查中，中國是被調查最多的國家，其貿易保護措施頻率之密令人咋舌。

另外在中國出口量快速增長的情況下，全球大肆進行對華反傾銷調查的同時，各國還開始使用另一種手段：反補貼。反補貼是指因反傾銷調查機關實施與執行反補貼法規的行為與過程。其中的補貼是指一國政府或者任何公共機構向本國的生產者或者出口經營者提供的資金或財政上的優惠措施，包括現金補貼或者其他政策優惠待遇使其產品在國際市場上比未享受補貼的同類產品處於有利的競爭地位。2008 年以來中國遭遇反補貼調查高峰，且全部伴隨著反傾銷調查，不僅數量多，涉案金額之大也屬空前。2008年中國遭遇反補貼案占全球71%，也已經連續3年成為全球第一。

（三）形形色色的技術性貿易壁壘

發達國家的技術壁壘對中國的影響日趨嚴重，金融危機以來，國外技術性貿易措施對中國出口企業及出口貿易的影響較前幾年有所上升。日前，質檢總局通報的2008年國外技術性貿易措施對中國出口企業影響調查結果顯示，2008年中國有近四成出口企業受國外技術性貿易措施影響，出口貿易直接損失達505.42億美元。與前幾年相比，中國出口企業受國外技術性貿易措施的影響有所上升。通告顯示，2008年中國有36.1%的出口企業受到國外技術性貿易措施不同程度的影響，而這個數字2007年為34.6%，2006年為31.4%，2005年為25.1%。2008年全年出口貿易直接損失505.42億美元，上述前3年這項數字依次為494.59億美元、359.2億美元、288.13億美元。

第二節　新貿易壁壘的主要內容

貿易保護主義，無論新舊其中心思想是一樣的：任何一項經濟政策都可能會影響到一國的收入分配格局，因而會引起不同社會階層或利益集團不同的反應。但新舊相比，新貿易保護主義更勝一籌，具有強制性強，對貿易各方影響大而直接，受約束範圍廣和表現形式多樣等特點。簡單說來，新貿易保護主義主要的壁壘形式包括：

一、綠色壁壘

工業化進程的加快，像大氣污染、溫室效應、有毒廢物排放、物種滅絕、資源枯竭等生態環境方面的問題日益嚴重，引起了世人的高度關注。工業發達國家以生態環保為借口，憑藉其經濟和技術的壟斷地位，制定了一系列苛刻的環保措施和高於發展中國家技術水平的環境質量標準，以此作為市場准入的條件，對本國市場和工業形成保護，構築了一道綠色屏障，主要形式有：

（一）綠色標誌

綠色標誌又稱綠標制度或環境標誌制度，是指國際間有資質的認證機構依據有關所謂綠色標準對商品進行認證並頒發標誌和證書的一項制度。綠標圖案多為天鵝、常綠樹、蒲公英等，富有綠色寓意。凡沒有取得綠標的進口商品將受到數量和價格上的限制，而加貼了綠標的則被認為是一種「環境質量信得過」的「綠色產品」。這當中所涉及的認證標準是對包括資源利用、生產工藝及處理技術和產品循環利用、使用后處理等全過程的環境行為進行監管。涉及的產品大多為節能低耗品、清潔工藝品和低毒品等。綠標制度的實施，有利於人們環境意識的提高、價值觀念的轉變和防治污染能力的增強。但由於各國環境標準存在差異，發達國家更是憑藉其經濟和技術優勢制定了較高的環境標準，使得發展中國家處於十分不利的地位，客觀上為發達國家的市場設置了貿易壁壘，從而有違公平貿易的基本準則。

（二）綠色包裝

各種與環保要求不符的包裝能對環境造成嚴重的污染，許多發達國家通過立法對本國商品和進口商品的包裝衛生和安全提出強制性的要求。概括而言，主要包括以下幾方面：通過改進設計減少包裝材料的使用以節約資源；重複使用包裝材料；使用再生材料製作包裝；使用生物降解（自然界存在的微生物分解物質，對環境不會造成負面影響）包裝，使廢棄包裝在自然環境中快速腐爛。為此，一些發達國家通過產業重組和資源的重新配置形成了新的產業鏈，滿足了包裝在環境保護上的要求，促進了經濟的發展；而發展中國家因技術水平、價值觀念和行政管理等方面的滯后，而使得綠色包裝成為其進入發達國家市場的綠色屏障。

（三）環境成本

新貿易保護主義者認為任何產品都應將環境和資源費用計入成本，且應以國際環境標準為基準進行計算。如果忽視環境質量或降低環境標準，其出口產品實際上就具有了不公平的比較優勢或環境補貼，形成了對高環境標準生產產品的不公平競爭。發展中國家在出口貿易中未計算綠色成本，是在進行環境傾銷，因而應通過反傾銷、反補貼措施來均衡不同環境標準下的成本差異。可以看出，對於發展中國家來說，這是經過精心設計和構築的綠色壁壘。環境壁壘包括以下內容：

1. 環境技術標準

發達國家的科技水平較高，處於技術壟斷地位。它們在保護環境的名義下，通過立法手段，制定嚴格的強制性技術標準，限制國外商品進口。這些標準均根據發達國家生產和技術水平制定，對於發達國家來說可以達到，但對於發展中國家來說則很難達到。例如 1994 年，美國環保署規定，在美國 9 大城市出售的汽油中硫、苯等有害物質含量必須低於一定標準，對此，國產汽油可逐步達到，但進口汽油必須在 1995 年 1 月 1 日生效時達到，否則禁止進口。美國為保護汽車工業，出抬了《防污染法》，要求所有進口汽車必須裝有防污染裝置，並制定了近乎苛刻的技術標準。上述內外有別，明顯帶有歧視性的規定引起了其他國家尤其是發展中國家的強烈反對。

2. 多邊環境協議

目前，國際上已簽訂的多邊環境協議有 150 多個，其中近 20 個含有貿易條款。特別是保護臭氧層的有關國際公約，將禁止受控物質及相關產品的國際貿易。這些受控物質大部分是基礎化工原料，如制冷劑、烷烯炔化工產品，這些產品用途廣泛，因此影響面非常大。隨著多邊環境協議執行力度的增強，其對貿易的影響也將越來越大。

3. 環境標誌

環境標誌是一種印刷或粘貼在產品或其包裝上的圖形標誌。它表明該產品不但質量符合標準，而且在生產、使用、消費及處理過程中符合環保要求，對生態環境和人類健康均無損害。1978 年，德國率先推出「藍色天使」計劃，以一種畫著藍色天使的標籤作為產品達到一定生態環境標準的標誌。發達國家紛紛仿效，如加拿大叫「環境選擇」，日本有「生態標誌」。美國於 1988 年開始實行環境標誌制度，有 36 個州聯合立法，在塑料製品、包裝袋、容器上使用綠色標誌，甚至還率先使用「再生標誌」，說明它可重複回收，再生使用。歐共體於 1993 年 7 月正式推出歐洲環境標誌。凡有此標誌者，可在歐共體成員國自由通行，各國可自由申請。

4. 環境管理體系標準

ISO14000 是國際標準化組織在汲取發達國家多年環境管理經驗的基礎上，制訂並頒布的環境管理體系標準，得到世界各國政府、企業界的普遍重視和積極回應。現在，國際上採購商在要求有 ISO9000 質量證書的同時，還要看有無 ISO14000 環保證書，對於產品質量不相上下的企業，通常優先挑選那些兩證齊全者，因為這表明產品符合國際環保要求，有利於達成國際貿易訂單。不言而喻，沒有通過 ISO14000 認證企業的產品將在市場競爭中處於劣勢。

5. 綠色補貼

為了保護環境和資源，有必要將環境和資源費用計入成本之內，使環境和資源成本內在化。發達國家將嚴重污染環境的產業轉移到發展中國家，以降低環境成本，發展中國家的環境成本卻因此而提高。更為嚴重的是，發展中國家絕大部分企業本身無力承擔治理環境污染的費用，政府有時給予一定的環境補貼。對此，發達國家以違反關貿總協定和世界貿易組織規定為理由，限制發展中國家產品進口。美國就以環境保護補貼為由，對來自巴西的人造橡膠鞋和來自加拿大的速凍豬肉提出了反補貼起訴，這種「綠色補貼」壁壘有日益增加之勢。

二、技術壁壘

技術壁壘指的是一國以維護國家安全、保障人類健康、保護生態環境、防止詐欺行為及保證產品質量等為由而採取的一些技術性措施。它主要通過頒布法律、法令、條例、規定，建立技術標準、認證制度、衛生檢驗檢疫制度等方式，對外國進口商品制定苛刻的技術、衛生檢疫、商品包裝和標籤等標準，從而提高對進口商品的技術要求，最終達到限制其他國家商品自由進入本國市場的目的。

（一）構成內容

構成技術壁壘的實質性內容有以下幾方面：

1. 安全標準

安全標準是指那些以保護人類和國家安全為理由而採取的限制或禁止貿易的措施。主要發達國家都頒布了一系列有關安全的法規，如德國的《防爆器材法》；美國的《冷凍設備安全法》、《聯邦烈性毒物法》和《控製放射性物質的健康與安全法》；日本的《勞動安全與健康法》、《氧氣瓶生產檢驗法》等。

2. 衛生標準

衛生標準是指以人類健康為理由對進口動植物及相關產品實施苛刻的衛生檢驗檢疫標準，以限制或禁止商品進口的貿易措施。雖然烏拉圭回合通過的《實施衛生與植物衛生措施協議》規定，成員方有權採取措施，保護人類與動植物的健康，但由於各成員方有很大的自由度，為了某種目的，往往任意提高標準或增加程序，從而造成貿易障礙。從發展趨勢看，發達國家對食品安全衛生指標將持續提高，尤其對農藥殘留、放射性物質殘留及重金屬含量的要求日趨嚴格，從而使很多出口產品達不到其衛生標準而被迫退出市場。

3. 包裝標示

包裝標示主要是通過對包裝標示進行強制性規定來達到限制或者禁止進口的目的，它是技術壁壘的重要組成部分。主要發達國家在包裝標示制度上都有明確的法規和規定。美國對除新鮮肉類、家禽、魚類和果菜以外的全部進口食品強制使用新標籤，食品中使用的食品添加劑必須在配料標示中如實標明經政府批准使用的專用名稱。美國食品與藥品管理局（FDA）要求銷售的強化食品應按規定加附營養標籤。營養標籤上的信息應包括：食品單位，使用與該食品形態相應的詞語（如塊、膠囊、包或勺）；每盒份數；膳食成分信息，如日參考攝入量（RDD）或日參考消耗量（DRV）。修改后的法規對強化食品標籤的格式、字體大小、線條粗細等都作了明確而具體的規定。

4. 信息技術標準

信息技術標準是指進口國利用信息技術上的優勢，對國際貿易信息傳遞手段提出要求，從而造成貿易上的障礙。例如電子數據交換（EDI）和近幾年方興未艾的電子商務對發展中國家將是一個新貿易壁壘。在 EDI 和 B2B 企業電子商務領域，無論在技術上還是在商務應用上美國等發達國家均處於主導地位，所以須密切關注這一領域的發展對國際貿易的影響。

5. 市場准入

市場准入主要體現在制定嚴格的、甚至苛刻的技術規範、標準和合格評定程序，涉及產品的適用、健康、安全或衛生等方面。比如，自 1994 年以來，德國及其他發達國家相繼採用的印染製品含偶氮染料禁止令就對包括中國在內的許多發展中國家和地區的紡織品、服裝等輕工品的出口影響很大，損失慘重。目前中國雖已攻克了此技術難關，但卻付出了高昂的代價。還有，已被有關國際組織和發達國家廣泛接受和認可的危害分析和關鍵點控製法（Hazard Analysis Critical Control Point，HACCP）明確規定，食品包裝需標明食品的營養成分，從而增加了食品製造商的成本，對缺乏技術分析手段的食品實際上構成了禁止進口令，進而影響相關產品的貿易和生產。至於《蒙特利爾議定書》中有關保護臭氧層的國際公約則對中國相關產品的出口產生嚴重的影響。此外，有的國家還規定了許多涉及安全、健康項目的審查，使進口產品因季節需求的變化或失去商機，或無法進口。凡此種種，均對有關國家的出口貿易構成了嚴重的技術阻礙。

6. 認證、認可制度

認證、認可是一種依據技術規範、標準和合格評定程序對有關產品進行認證或認可的制度。與貿易政策不同，它需要有深厚的專業背景、強有力的技術支撐和廣泛的社會基礎以及與之相配套的人文思想、法律制度等。認證、認可具有廣泛的適用性和機會的均等性，具有從更高的戰略（非局部的）角度去審視經濟的發展，故在推動社會進步、增強社會環保意識、規範市場行為和實現可持續發展等方面具有積極的作用。但是，此項政策所能帶來的種種益處只能被那些處於同一經濟發展水平的國家和地區所享受。未經認證、認可的產品和服務則被排斥在市場之外，形成事實上的市場壁壘，因而保護主義色彩更濃，保護程度也更深，對經濟的影響也更具決定性，使得發展中國家的產品更難進入發達國家的市場。

（二）技術性貿易壁壘日益增多的原因

關稅壁壘和配額、許可證等非關稅壁壘的弱化，為技術性貿易壁壘提供了發展空間。隨著后配額時代的到來，技術性貿易壁壘則能夠避免這一弱點，合理合法的對進口產品進行限制。技術性貿易措施或技術性貿易壁壘作為 WTO 各成員在國際貿易中市場准入的門檻，具有二重性。

人們的環保、安全和保健意識的空前提高是產生越來越多的技術性貿易壁壘的重要因素。技術性貿易壁壘的合理性正是在於它的技術法規、標準、合格、評定程序等一定程度上保護了人類的健康和安全，保護了人類賴以生存的生態環境，而這些法規、標準正是伴隨著人們的環保、安全以及保健意識的提高而發展。

技術密集型產品在國際貿易中的比例迅速提高，貿易中涉及的技術問題更加複雜，其中相當一部分構成了技術性貿易壁壘。隨著科技的發展，提高技術的精度要求在越來越多的領域中得以實現，而人們追求高質量、高精度的偏好永遠是遞增的，其結果便是國際貿易中所交易的產品的技術密集度不斷攀升。這是技術性貿易壁壘增多的一個客觀原因。

一些技術性貿易措施的壁壘作用是由於 WTO 各成員間經濟技術發展不平衡造成的。高靈敏度檢驗、檢測技術的發展，給發達國家限制進口，設置技術壁壘提供了快速準確的檢測數據。高科技迅猛發展的一個必然結果是各個行業技術的提高，檢驗、檢測技術也不例外。

從表現形式來看，技術壁壘主要是技術法規、標準及合格評定程序。技術法規即規定強制執行的產品特性或其工藝和生產方法，包括適用的管理規定在內的文件；這些文件還包括或專門適用於產品、工藝或生產方法的專門術語、符號、包裝、標誌或標籤要求。標準指的是經公認機構批准的、規定非強制執行的、供通用或重複使用的產品或相關工藝和生產方法的規則、指南或特性的文件；文件還包括或專門適用於產品、工藝或生產方法的專門術語、符號、包裝、標誌或標籤要求。合格評定程序指的是任何直接或間接用以確定是否滿足技術法規或標準中的相關要求的程序。

科學技術與管理水平的提高，使各國產品的技術規範、標準和合格評定程序日益科學與成熟，並推動經濟向前發展。但發達的工業化國家依其經濟和技術優勢而制定的技術規範、標準和合格評定程序，以及由此而衍生的認證標準、評審程序和認證、認可制度等名目繁多、複雜多變，具有強烈的主觀性、目的性和苛刻性，對有關國家的產品和服務構成了技術障礙，使其難有作為。

（三）技術性貿易措施的發展趨勢

從國際貿易壁壘的發展趨勢看，以技術壁壘為核心的新貿易壁壘將長期存在並不斷發展，將逐漸取代傳統貿易壁壘成為國際貿易壁壘中的主體。

1. TBT 從生產領域和貿易領域向服務貿易和投資領域擴張

TBT 可分為強制性措施與自願性措施，既涉及國際或區域性協議、國家法律、法令、規定、要求、指南、準則、程序等，也包括非政府組織等制定的規則。TBT 的涵蓋範圍日趨廣泛。從產品形態看，它不僅涉及初級產品，而且牽涉到所有的中間產品和製成品；從產品生命週期看，涵蓋了研究、生產、加工、包裝、運輸、銷售和消費以及處置等各個環節；從涉及領域看，TBT 從生產領域開始，逐漸擴張至貿易領域；當前已從有形商品擴張到金融、信息等服務以及投資、知識產權等各個領域。從 WTO 成員通報的情況看，機電產品、石化產品、建材和農產品及食品仍是 TBT 通報的重點；《實施衛生與植物衛生措施協定》（SPS）通報一般涉及農產品與食品行業。在 WTO 新一輪談判中，貿易與環境、貿易便利化、知識產權保護、農業等議題都將涉及新的技術性貿易壁壘問題。

2. TBT 的影響及擴散效應越來越明顯

TBT 的影響較之於關稅和一般非關稅壁壘更為廣泛和深遠。許多 TBT 措施可能直接導致限制甚至禁止進口。另外，技術壁壘具有明顯的擴散效應。TBT 措施往往產生連鎖反應，從一國擴展到多國甚至全球；由一個產品涉及到相關的所有產品。如美國於 1973 年開始將 HACCP 制度應用於低酸和酸化食品罐頭，1997 年起對美國國內水產品加工業者及輸美水產品加工強制實施 HACCP 制度。現在，美、日、歐已經將 HACCP 制度應用於整個食品與農產品行業。並且一國實施的技術性貿易措施容易引起其他國家的仿效。2002 年 1 月 30 日，歐盟理事會以中國舟山產凍蝦仁氯霉素含量超標為由，通過《關於對產自中國的進口動物產品實行某些保護性措施的決議》，決定暫停進口產自中國的供人或動物消費的動物源產品，禁令由蝦仁擴大到所有動物及含有動物成分的產品達 100 多種。歐盟的這一措施很快引起匈牙利和俄羅斯等國的仿效。

3. 技術壁壘呈水漲船高的趨勢

隨著科學技術的進步，技術創新的深入，新的技術標準會不斷湧現，並被採用新的技術法規。技術創新使檢測設備、手段和方法更加先進，一些國家尤其是 WTO 發達成員運用 TBT 的水平隨之水漲船高，對進口產品的標準規定得越來越細，要求也越來越苛刻。

4. 發達國家將仍是實施技術壁壘的主體

由於技術和經濟發展水平的不同，各國制定和實施 TBT 的差別很大。一般來講，發達成員居於主導地位，許多國際標準都是發達成員參與制定的。但是，近幾年來，發展中成員也越來越重視技術壁壘的引進與實施。從 1995—2006 年的 TBT 通報的情況看，WTO 成員實施技術壁壘呈加速上升的趨勢。1995 年 TBT 通報量為 825 件，1997 年猛增至歷史最高點 1434 件，此后歷年都超過了 1000 件。SPS 通報量一直保持強勁的增長勢頭，從 1995 年的 198 件猛增到 2001 年的 772 件。總體上發達國家仍居於優勢地位。這一時期發達國家的 TBT/SPS 通報合計 3945 件，占總量的 55.74%，發展中國家為 3133 件，占 44.26%。自 1999 年以來，發展中國家的 TBT 通報量已經超過發達國家，大有后來居上之勢。

5. 採用國際標準及合格評定程序的趨勢不斷加強

由於技術和經濟水平的不同，各國制定和實施 TBT 的差別很大。TBT 是非關稅壁壘的主要形式，具有合理性和隱蔽性的特點，容易被貿易保護主義所利用，形成不合理的貿易壁壘。歐共體成員較早認識到技術性壁壘對成員國間貿易產生的不利影響，於 1969 年制定了《消除商品貿易中技術性壁壘的一般性綱領》，首次提出了在國際貿易中限制技術性壁壘的貿易規則。1979 年關貿總協定「東京回合」制定了《技術性貿易壁壘協定》；「烏拉圭回合」對該協定進行了修改、補充和完善，同時簽署了《實施衛生與植物衛生措施協定》。為了防止技術性貿易措施成為不合理的貿易壁壘，WTO 制定了《良好行為規範》，建議各國採取國際技術標準。此外，國際標準化組織、食品法典委員會、世界動物衛生組織等國際組織的作用越來越大，越來越多的成員參與國際標準的制定，越來越多的國際標準和合格評定程序被各成員採用，而且國際標準已日益成為解決爭端的重要依據。比如，國際標準化組織制定的 1SO9000 質量體系標準和 1SO14000 環境管理體系已經成為進入國際市場的通行證。

三、貿易管理壁壘

貿易管理是在新貿易理論基礎上提出的一種新的貿易政策理論，是基於不完全競爭市場理論而提出的一種政策分析，適用於發達國家對其戰略性產業發展的保護，通過政府對貿易活動的干預，達到改變市場結構或環境，提高本國企業的競爭能力。其政策主張上大多涉及自願限制出口、補貼、國家貿易壟斷等。特別是反傾銷措施，具有很強的壁壘效應，是新貿易保護主義者極力主張的政策手段之一。此外，勞工標準、區域性協議、關稅升級保護、灰色區域、限制性援助或邊境稅調整等措施也都有很濃的貿易保護主義色彩。

四、社會壁壘

社會壁壘是指以勞動者勞動環境和生存權利為借口採取的貿易保護措施。社會壁壘由社會條款而來，社會條款並不是一個單獨的法律文件，而是對國際公約中有關社會保障、勞動者待遇、勞工權利、勞動標準等方面規定的總稱，它與公民權利和政治權利相輔相成。國際上對此關注由來已久，相關的國際公約有 100 多個，包括《男女同工同酬公約》、《兒童權利公約》、《經濟、社會與文化權利國際公約》等。國際勞工組織（ILO）及其制定的上百個國際公約，也詳細規定了勞動者權利和勞動標準問題。為削弱發展中國家企業因低廉勞動報酬、簡陋工作條件所帶來的產品低成本競爭優勢，1993 年在新德里召開的第 13 屆世界職業安全衛生大會上，歐盟國家代表德國外長金克爾明確提出把人權、環境保護和勞動條件納入國際貿易範疇，對違反者予以貿易制裁，促使其改善工人的經濟和社會權利。這就是當時頗為轟動的「社會條款」事件。此后在北美和歐洲自由貿易區協議中也規定，只有採用同一勞動安全衛生標準的國家與地區才能參與貿易區的國際貿易活動。

目前，在社會壁壘方面頗為引人注目的標準是 SA8000，該標準是從 ISO9000 系統演繹而來，用以規範企業員工職業健康管理。通過論證的公司會獲得證書，並有權在公司介紹手冊和公司信箋抬頭處印上 SGS－ICS 認證標誌［SGS 是瑞士通用公證行（SOCIETE GENERALE DE SURVEILLANCE S. A 的英文縮寫］，SGS 是一個在國際貿易中有影響的民間的獨立檢驗機構。ICS［ICS 是國際認證有限公司（International Certification Services）的英文縮寫］。CEPA 是一種認證標誌，是由經濟優決權委員會認可委員會制定的標準（Conncil on Economie Priorities Agency，CEPA）。此外，它們還可得到 SA8000 證書的副本用於促銷。歐洲在推行 SA8000 方面走在前列，美國緊隨其后。歐美地區的採購商對該標準已相當熟悉。目前全球大的採購集團非常青睞有 SA8000 認證企業的產品，這迫使很多企業投入巨大人力、物力和財力去申請與維護這一認證體系，這無疑會大大增加成本。特別是發展中國家，勞工成本是其最大的比較優勢，社會壁壘將大大削弱發展中國家在勞動力成本方面的比較優勢。

五、其他壁壘

（一）特保調查

與傳統的反傾銷措施「先調查，后保護」相比，「特保」不僅具有「先保護，后調查」的優點，而且出手很快。正因為如此，印度在過去 1 個月內向中國發起了七八起有關特保調查。其中近期對於進口中國的純鹼產品從發起調查到作出初裁只用了 10 余天時間，對進口中國的鋁板及鋁箔的特別保障措施從立案調查到做出初裁只用了 5 天時間，而且分別加徵 31% 和 35% 的從價稅。

（二）特別保障措施

保障措施（又稱緊急措施），是指一國（地區）在某種產品進口大量增長以至對其生產同類或者與之直接競爭產品的產業遭受損害時，為補救或者便利產業調整而針對引起損害的進口產品採取的臨時進口限制措施。其特點只是針對產品數量的激增對進口國市場的影響，而不考慮進口增長的原因。與同屬貿易救濟措施的反傾銷措施與反補貼措施制度不同，后兩者針對的是不公平貿易，而保障措施針對的是公平貿易條件下的進口產品。該制度的這一特點為各國所重視，都將保障措施作為重要的對外貿易救濟制度。特別是2002年初美國「201鋼鐵保障措施案」的實施使鋼鐵產業保障措施案件劇增。2009年4月22日，美國鋼鐵工人聯合會（USW）向美國國際貿易委員會對原產於中國的消費輪胎提起特別保障措施調查，要求對從中國進口的消費輪胎（包括乘用胎、輕卡胎、小型貨車輪胎和運動型多用途SUV輪胎等）限額為第1年2100萬條，之后的配額為每年增加5%，期限3年。

（三）灰色區域措施

所謂灰色區域措施是指總協定成員國採取的在總協定原則和規定邊緣或之外的一些歧視性貿易政策措施。換言之，這些措施既不是合法的，也不是非法的，如「自動出口限制」、「有秩序的銷售安排」、「出口節制」、「進出口價格調控機制」、「勞工標準」等。這些灰色區域措施現已成為發達國家推行貿易保護主義所採用的有力武器，符合他們國內政治和經濟的強烈需求，但對廣大發展中國家產生了極大傷害。迫於歐洲國家的壓力。中國對一些輸歐紡織品實行自動出口限制，並和歐方達成協議，實施雙邊監控，一旦出現出口量大增，將發出預警，適當減少出口。

（四）禁止進口。

印度在2009年初明令對中國鋼鐵、化工、紡織等產品實施進口限制措施之后，不久更是宣布在未來6個月中禁止從中國進口玩具，其抬高對中國的貿易壁壘已到了極致。雖然時隔不長印度政府對中國玩具的態度有所軟化，但其殘酷的「封殺」陰影卻是有目共睹的。

第三節　金融危機對貿易壁壘的影響

本次世界金融危機的爆發對全球經濟造成了相當大的打擊，這其實是美國「綁架」了世界經濟，利用美元的霸主地位，利用金融全球化的有利時機，利用國際金融規則的話語權和金融創新的殺傷力把世界經濟「拉下了水」。美國在金融危機中沒有損害到自己的核心利益，在一系列的新聞報導中見到的只是部分美國企業受到衝擊，美國民眾的反應卻沒有十分強烈，美國甚至沒有發生大規模的罷工和遊行。這在美國高度自由化的社會下是一個十分奇怪的事情，也可以說金融危機對美國的損害並不嚴重。它損失的只是美國的金融信譽，它受到的只是外傷，而歐盟、亞太地區包括中國在內卻遭受重創。在此情況下，各國和地區為擺脫金融危機對本國的影響，鞏固執政黨地位，採取了一系列措施來應對金融危機的影響，以應對實體經濟的衰退。這些措施中就包括貿易保護主義，促進國民購買本國貨，使本國企業擺脫危機，恢復生產，增加就業。

在當今經濟全球化、貿易全球化的時代，進出口貿易成為許多國家拉動經濟的動力，這也使得產業佈局在全球發生重大變化，許多勞動密集型、資源密集型產業由發達國家向發展中國家轉移，發達國家則重點發展技術密集型、高新技術產業，全球貿易由此大量展開。但是這其中也產生了一個很大的問題，就業問題成為各國政府不得不謹慎解決的問題。對發展中國家而言，大力發展勞動密集型產業有利於本國增加本國人民的收入，發展本國的貿易。但是對發達國家來說，勞動密集型產業轉移造成的就業問題成為揮之不去的痛苦，各發達國家都在竭力解決這一問題，比如採取補貼、減免稅收等措施來鼓勵投資於本國的勞動密集型產業。為保護就業，各國在不違反WTO規則的基礎上依據環保、安全等眾多理由設立非關稅壁壘以期保護本國貿易，尤其在現在金融危機情況下非關稅壁壘愈來愈嚴重，反傾銷調查此起彼伏，由此產生的大量貿易摩擦阻礙了國際貿易的發展，延緩了國際經濟的復甦。

同時，在各國政府中，來自各市場主體的聲音是不得不注意傾聽的，各市場主體在金融危機中受害非常大，他們要求本國政府保護。而我們知道，當今世界各國政治體系中多採用兩黨制或多黨制，議員多由各地區選舉產生，來自該地區的選民的訴求是他們不得不考慮的因素，這關係到他們在選民中的地位，關係到選票的投票方向和他們的政治前途。這是產生貿易保護主義的最主要原因。

當政府越來越多的干預經濟、干預企業時會發現，政府在市場中的作用越來越大，利用政府的權利，普通市場主體是很難與之對抗的，貿易保護主義也應運而生。特別是關係到本國人民就業這一重大的關係到國計民生的問題時，各國政府無不竭盡所能創造就業崗位，當他們發現其他措施產生的效果在短期內不如貿易壁壘的作用明顯時，貿易壁壘就會大行其道。

第四節　金融危機時期貿易保護主義的特性

一、1929—1933年大蕭條時期的國際貿易保護主義

在大蕭條的歷史上，1929年10月29日，因為美國股市暴跌引發全球金融危機，而成為寫入歷史的「黑色星期二」。

然而，還有一個日期也應該被世人銘記，那就是——1930年6月17日這一天，美國國會通過了《斯姆特—霍利關稅法》，

大幅度提高超過 2 萬種外國商品的進口關稅，結果引發各國之間的貿易戰爭，加劇了世界經濟大蕭條。

20 世紀 30 年代，在美國總統胡佛的反經濟危機措施之中，《斯姆特—霍利關稅法》被后世學者稱為「最大的錯誤」。《斯姆特—霍利關稅法》的提案人是兩位國會議員里德·斯姆特和霍利。在當時國會議員的眼裡，這項法案是幫助美國經濟走出困境的一劑良方妙藥。事實證明，法案並不是救命良藥，而是一劑可怕的毒藥，而且，受傷的是整個世界。美國的貿易保護主義措施，引起了其他國家同樣的貿易保護主義報復。面對危機，各國以鄰為壑，全球貿易額大幅縮減，很快傷及當時最大的出口國——美國自身。全球貿易總額從 1929 年的 360 億美元縮小到 1932 年的 120 億美元，而美國的出口總額也從 1929 年的 52 億美元左右縮減到 1932 年的 12 億美元。

二、1929 年金融危機與本次金融危機下貿易保護主義的共性

（一）金融危機一直以來都是貿易保護主義滋生的溫床

1929—1933 年的經濟危機使世界經濟陷入了深度的衰退狀態，為了促進本國經濟的回復和增加國內就業美國國會通過了極端貿易保護主義「斯姆特—霍利關稅法案」，也就此點燃了貿易保護主義的導火索。隨后，世界主要國家競相採用以鄰為壑的貿易政策，大幅增加關稅，導致貿易戰頻發。

2007 年以來，隨著全球金融危機的蔓延和升級，全球的貿易保護趨勢也在悄然蔓延。如美國參眾兩院於 2009 年 2 月 13 日通過的 7870 億美元的經濟刺激計劃，並且計劃中還保留了帶有明顯貿易保護主義色彩的「購買美國貨」條款；自金融危機以來俄羅斯出抬了 28 項提高進口關稅和補貼本國出口的措施；厄瓜多爾對 940 多個不同產品分別增收 5% ~20% 的關稅等措施。

（二）金融危機下的貿易保護主義的效果往往適得其反

正是在《斯姆特—霍利關稅法》通過之后，美國經濟正式進入寒冬，道瓊斯指數從法案通過時的 250 點，跌至 1932 年時的最低點—— 41 點，並且當時美國的失業率超過 20%。絕大多數經濟學家都認為，《斯姆特—霍利關稅法》是歐美貿易從 1929 年最高點跌至 1932 年最低點的催化劑，也是大蕭條加劇的催化劑。

2009 年年初，美國國會通過了一項總額為 7870 億美元的經濟刺激計劃，計劃包括「購買美國貨」條款。該條款要求接受經濟刺激計劃支持的項目必須使用美國生產的鋼鐵及其製成品。但條款出抬后，遭到了包括來自加拿大等美國主要貿易夥伴的反對。因此迫於壓力，美國對該條款進行了修改，最終規定，不得違反現有的美國貿易協定，在一定程度上放寬對加拿大、歐盟、日本及其他少數貿易夥伴的限制，使其仍能夠在經濟刺激方案推動下的美國公共工程市場上分得一杯羹。但事實證明，該項修正在實踐中意義不大。近年來，一些加拿大市政當局已經陸續通過「不買美國貨」決議，而這次加拿大城市聯盟會議將該決議適用範圍更加擴大化。通過此項決議是為了表示加各市政府對加聯邦、省政府阻止美國貿易保護主義行動的支持。另外美國近期公布的一項研究顯示，2009 年初以來，美國奧巴馬政府和民主黨控製的國會實施的貿易政策可能會導致 58.58 萬個工作崗位丟失。這份為美國商會所作的研究將此間接近 2/3 的失業人數（38.34 萬）歸咎於國會未能批准美國與哥倫比亞以及韓國之間的自由貿易協議。在 2008 年的競選中，奧巴馬反對這些協議，但他承諾，只要能解決民主黨議員提出的一些擔憂問題，他就會推動協議的通過。這份由國際貿易夥伴（Trade Partnership Worldwide）實施的研究表示，國會 2009 年通過的、經濟刺激計劃中的「購買美國貨」條款也是潛在失業的一大來源。若其他國家實施報復，將各自國內經濟刺激項目的1% 排除美國公司，那麼，「購買美國貨」條款將導致美國淨失業人口增加 17.68 萬。

三、兩次危機下貿易保護主義的不同之處

（一）國際貿易約束規則不同

1929—1933 年大蕭條時期，某個國家單邊提高關稅不會違反任何國際協定，更不用考慮其他國家的反應。而如今，大部分國家都已經成為了 WTO 的成員國，其國際經濟行為都在 WTO 規則的約束之下，每一個 WTO 成員方都有一個約束稅率和實際稅率。任何一個國家都知道其提高關稅的行為將會在短時期內遭到其他成員國各種形式的貿易保護報復，因此各國是否採取大規模關稅的貿易保護政策必須要三思而后行。

（二）國際生產體系不同

1929—1933 年的大蕭條時期，國際分工雖然已經產生，但是各個國家的生產尚未在全球範圍內進行資源配置。因此，相對而言，各國的生產體系較為獨立。而目前，全球有 4 萬多家跨國公司，其對外投資總額超過 1 萬億美元，已經控製了世界生產總量 40%；世界貿易總額的 60% 以及國際技術貿易的 60% ~70%。這也決定了在遇到金融危機的時候，各國不敢實施大規模的貿易保護政策，在全球產業鏈為經濟主導的今天，任何一個國家的貿易保護政策都會使本國的企業也同樣受到傷害。

（三）國際間協調機制不同

1929—1933 年的大蕭條時期，世界經濟領域不具備太多的國際協調機制，國際協調機制的缺失意味著沒有一個國家會主動提出反保護的行動方案，沒有裁決機制，更沒有令各國普遍接受的應對金融危機的經濟政策。而在本次金融危機爆發后，20 國集團迅速積極應對，這在很大程度上降低了爆發全球性的貿易保護戰的可能性。

第三章　反補貼措施及其應對策略

中國作為一個正在崛起的貿易大國，隨著大背景下經濟全球化趨勢的不斷加深，再加之中國具有資源、勞動力的優勢，許多產品在國際市場上佔有的份額急遽擴大，如此的發展態勢，使得中國已經進入國際貿易摩擦高發期。在中國突破千億美元貿易順差大關的背后，卻是一浪接一浪的貿易摩擦。從歐美紡織品「特別調查」，到后來的歐盟對中國自行車、鞋類產品反傾銷，再到美國對中國產的銅版紙徵收反補貼稅——這是美國第一次對「非市場經濟國家」徵收反補貼稅。很多人把美國的這個行動比喻為「打開了潘多拉的盒子」，擔心會有很多連鎖反應的發生。自此，補貼和反補貼政策及相關問題正式的走上了中國貿易的前臺。

當前，越來越多的國家承認中國的市場經濟地位，反補貼很有可能是繼反傾銷之后成為美國、歐盟等國家下一步針對中國的貿易救濟措施。與此同時，有關反補貼的報導也屢屢見諸報端，反補貼話題一時鋪天蓋地地壓來。商務部國際貿易經濟合作研究院副院長李雨時表示：「對中國外貿帶來更大影響的不是反傾銷，而將是反補貼問題。」這並非危言聳聽，有關專家分析認為，隨著 2004 年加拿大率先對中國產品發起反補貼調查，中國遭遇的反補貼調查案件有可能逐漸增多。

事實證明，反補貼措施如同當年的反傾銷一樣，已經成為制約中國經濟發展的工具。正是從這個角度出發，對補貼和反補貼政策的闡述，通過經濟理論上的分析和對個別案例上的研究，使我們可以清醒地認識到反補貼的危害。對於中國企業如何應對反補貼調查，促進進出口貿易健康發展將起到一定的指導作用。

第一節　補貼的相關概念闡述

對於補貼和反補貼的概述和定義，很長時間內在國際貿易理論領域中都存在著爭議和分歧，各家有各家的意見，始終無法統一。直到了 1994 年，世界貿易組織的烏拉圭回合談判，才將補貼與反補貼作為回合談判的主要議題之一。在長達 8 年的談判中，補貼和反補貼一直是難點和焦點議題，最終各個成員國統一簽署了《補貼與反補貼措施協議》，也就是當今我們眾所周知的《SCM 協議》，並於 1995 年開始正式生效。該協議作為 WTO 的一攬子協議組成部分，適用於 WTO 的所有成員國。至此補貼與反補貼終於有了世界上公認的統一定義。

一、補貼的定義與特徵

補貼是國際貿易中常用的措施，它的概念運用非常的廣，在英語中也有非常多的詞彙都具有補貼的含義。

（一）補貼的定義

補貼作為國際貿易與競爭的產物，已有幾個世紀的歷史。補貼與反補貼作為經濟現象早就引起人們的關注。最早見到描述補貼經濟現象的是亞當·斯密和美國首任財政部長亞歷山大·漢密爾頓。而其作為法律規範的對象，是從 20 世紀以后開始的。

補貼與反補貼歷來是國際貿易關係中的重要問題。對於補貼的一般定義是指一國或者任何公共機構向本國的生產者或者出口經營者提供的資金或財政上的優惠措施，包括現金補貼或者其他政策優惠待遇，使其產品在國際市場上比未享受補貼的同類產品處於有利的競爭地位。無論該產品是用於出口還是用於內銷，均屬於補貼行為。

在國際上，WTO的《SCM協議》對於補貼有比較權威的界定，協議中明確規定：補貼是指在一個成員國領土內，存在由政府或者任何公共機構向某一企業或者某一產業提供的財政資助或者對價格或收入的支持並因此而授予一項利益，結果直接或間接地增加從其領土內輸出某種產品或減少向其領土內輸入某種產品，或者因此對其他成員國的利益造成損害的政府性行為或措施。根據《SCM協議》，補貼具體指：

(1) 政府直接轉移資金（如捐贈、貸款、投股），潛在的資金或債務的轉移（如貸款擔保）；

(2) 政府放棄或不徵收應徵收的稅收（如稅收抵免之類的財政鼓勵）；

(3) 政府提供貨物、服務或購買貨物；

(4) 政府向籌資機構付款，或委託、指示私營機構履行上述三項功能；

(5) 存在著GATT1944第16條含義上的任何形式的收入或價格支持。在國際貿易中，補貼是一種促進出口同時限制進口的貿易保護手段。

（二）補貼的特徵

從《SCM協議》中對於補貼的定義，我們不難發現，補貼具有以下幾種基本的特徵：

(1) 補貼是一種政府行為，這裡的「政府行為」是廣義的概念，不僅包括一國的中央政府，也包括地方政府，還包括受政府干預的私人機構的補貼行為。補貼的主體是政府或者公共機構，只有這兩類主體提供的支持才有可能被認為是補貼行為。

（2）補貼是一種政府財政措施，或者是一種收入或價格支持的措施，即補貼的主體提供的是財政資助或其他形式的收入、價格的支持，如果沒有對價格產生影響，則不能被認定為是補貼行為。

（3）受到補貼的那一方可以從補貼行為中得到某種「利益」，即從某種政府資助計劃或者支持中得到某些它從市場上不得取得的價值。而且，值得注意的是，該種利益僅僅只能從補貼行為當中得到，無法通過市場手段或者受補貼方自己的能力獲得。

（4）補貼的對象是國內生產者和銷售者，即使是對產品供應方的補貼。

（5）補貼的方式可以是多種多樣的，既可以通過政府行為，也可以通過立法方式；既可以是金錢貨物的直接給付，也可以通過免稅、優惠貸款等間接渠道補貼；既可以是金錢的予免，也可以是貨物的轉移。

（6）補貼的根本目的是要增強國內企業生產的產品在國內和國際市場上的競爭地位。

二、補貼的專向性

從世界經濟發展的歷史來看，各國政府在不同的時期為了國內經濟的發展或其他政策的需要，或者為了促進出口產業的發展，對不同的行業或產業或產品實行了補貼的政策或措施，是各國經濟發展的一個正常而普遍的現象。

並非所有符合上述六項特徵的補貼都受到《SCM 協議》的約束，只有專向性（Specificity）補貼才會受到該協議的制約。

確定某種進口產品所受補貼是否具有專向性，是一國政府能否採取《SCM 協議》規定的徵收反補貼稅或者其他措施的前提條件。

專向性補貼是指成員方政府有選擇或者有差別地向某些企業提供補貼，這種補貼會使社會的資源分配扭曲，因此必須加以反對和限制。如果一項補貼是在某一經濟領域範圍內普遍可獲得的，則可以認為它不會對資源分配造成扭曲。

《SCM 協議》認可了下列四種類型的專向性補貼：

(1) 企業專向性補貼，即一國政府挑選一個或幾個特定企業進行補貼；

(2) 產業專向性補貼，即一國政府針對某一個或幾個特定部門或產業進行補貼；

(3) 地區專向性補貼，即一國政府對其領土內的部分特定地區的生產進行補貼；

(4) 被禁止的補貼，指與出口實績或使用國產貨物相聯繫的補貼，即出口補貼和進口替代補貼。

專向性補貼確立了對國際「正常市場活動」構成「扭曲」的補貼的判斷標準，使得各個成員國對法律意義上的補貼有了統一的認識。

國際經濟法專家約翰・杰克遜（John Jackson）曾經說過「從經濟觀點上說，補貼如果是普遍給予整個社會方方面面的和社會各生產部門的，就不具有扭曲的作用。或者說，在如此的情況下扭曲作用非常小，這樣就可用這些論據來支持這樣一種看法：普遍享有的補貼——即非專向性補貼，不應該是可起訴的」。

由此可見，只有專向性的補貼才有可能受到反補貼調查和反補貼懲罰，專向性是判斷補貼「非法性」的一個標準。

第二節　針對不同補貼的救濟方法

一、補貼的分類

根據不同的分類標準和方式，補貼可以分為不同的類型。按照補貼的方式不同，可以將補貼分為直接補貼和間接補貼；按照補貼的受益對象不同，可以將補貼分為專向性補貼和非專向性補貼，等等。根據補貼對自由貿易的扭曲和危害程度的不同，《SCM 協議》把補貼分為禁止性補貼、可訴性補貼和不可訴性補貼。

（一）禁止性補貼

禁止性補貼俗稱「紅燈補貼」或「紅色補貼」，是指 WTO 成員方不得維持或授予的補貼。根據《SCM 協議》的規定，除《農業協定》外，禁止性補貼有兩種：

（1）出口補貼，指在法律或事實上，僅向出口行為提供的補貼。

（2）進口替代補貼，指對本應該使用進口產品時，如果使用者改用國產產品，政府給予使用者或該產品的生產者的補貼。與出口補貼授予出口產品的生產者或出口商不同，進口替代補貼授予的對象是用於國內消費的產品的生產者或使用者。

禁止性補貼直接扭曲出口貿易，違背 WTO 的公平競爭原則，因此《SCM 協議》要求成員國不得維持，也不得授予此種補貼措施。否則，受到損害的成員可以採取反補貼措施，或者通過《SCM 協議》規定的 WTO 爭端解決機制獲得救濟。

（二）可訴性補貼

可訴性補貼俗稱「黃燈補貼」，也稱可申訴補貼。它是指那些不是一律禁止，但又不能自動免於質疑的補貼。對於這種補貼，往往需要根據其客觀效果才能判斷是否可訴。一國政府實施的補貼，不論它是生產補貼還是出口補貼，只要對另一國客觀上造成不利影響，那麼它就屬於可訴性補貼。

由於可訴性補貼的使用條件至今沒有很明確的規定，因此在貿易摩擦中，它是最容易引起爭端的。

（三）不可訴性補貼

不可訴性補貼又稱「綠燈補貼」，任何成員國在實施這類補貼措施的時候一般不受其他成員的反對而採取反補貼措施的補貼。《SCM協議》的第四部分規定了兩類不可訴性補貼，一種是符合特定要求的專向性補貼，比如，研究和開發補貼、貧困地區補貼和環境保護補貼等。另一種是不具有專向性補貼，指那些可普遍獲得的，不針對特地企業、特定產業和特定地區的補貼。

同時，補貼是否具有「專向性」是區別以上三類補貼的主要依據。禁止性補貼都為專向性補貼。

二、補貼的救濟措施

需要強調的是，無論是對涉案補貼提起調查，還是通過調查過程對受訴實施的最終裁決而徵收反補貼稅，即補貼救濟措施的採取，都必須滿足三個條件，這也是補貼的救濟措施的前提條件。

（1）存在《SCM協議》中的違法補貼，也就是「專項性」補貼；

（2）存在法定範圍內的損害；

（3）受到補貼的產品與被指控的損害之間有因果關係。

在《SCM協議》中規定了雙軌制的救濟措施，即受到不利影響的成員可以採取兩種救濟方法——國內救濟和國際救濟。

若滿足了相應的條件，成員國可以同時啓動上述兩種救濟方法，但是最終只能採用一種反補貼措施。

（一）國內救濟措施

所謂國內救濟，即通過國內反補貼法律程序獲得救濟，它是指進口方政府反補貼調查機構可應生產同類產品的相關產業代表的申請，對受補貼的進口產品進行反補貼調查，並以價格承諾或徵收反補貼稅的形式抵消進口產品所享受的補貼。

《SCM 協議》中規定的補貼國內救濟措施，主要有以下三種：

1. 臨時措施

所謂臨時措施，是指各國政府在開始反補貼調查后，對補貼和損害作出最終決定前，為了及時制止受補貼進口產品可能造成的損害繼續擴大，對涉嫌補貼和損害的產品實施的臨時制裁性措施。對於國內同類產品及產業來說，臨時反補貼措施是一種保護性措施。

2. 自願承諾

自願承諾是指出口國政府或出口商為消除補貼對進口國生產同類產品的產業造成損害而採取的某些措施。進口國反補貼調查機構接受出口國或出口商的承諾，替代徵收反補貼稅，同樣可以達到消除補貼對進口國國內產業的損害的效果。因此，承諾也是一種反補貼措施。所不同的是，徵收反補貼稅直接打擊的是進口商，承諾的實施直接打擊的是出口商或生產商。

3. 徵收反補貼稅

反補貼稅是由一國政府反補貼調查機構決定的，通常由海關在進口貨物進關時徵收。徵收反補貼稅使得進口商品的成本太高，價格加大，使原來因補貼獲得的價格優勢被削弱，升值被抵消，因此最終徵收反補貼稅是抵消補貼造成損害的最有效措施。

（二）國際救濟措施

所謂國際救濟措施指通過《SCM 協議》規定的 WTO 爭端解決機制獲得救濟。《SCM 協議》根據不同類型的補貼規定了不同的爭端解決程序，例如磋商、提交爭端解決機構、常設小組審議、上訴、採取反補貼措施、仲裁等。之所以這麼做，主要是因為不同類型的補貼會導致不同的貿易后果。

由於國際救濟多邊措施適用於各種補貼，即禁止性補貼、可訴補貼、不可訴補貼，其每一種的救濟程序類似，但是有效期限不盡相同。

1. 禁止性補貼的救濟

《SCM 協議》第 4 條規定，當「一成員有理由認為另一成員正在給予或維持禁止性補貼，則該成員即可請求與該另一成員進行磋商」，若在提出磋商請求后 30 天內未能達成雙方同意的解決方法，則可以將爭端提交給爭端解決機構（DSB）。爭端解決機構受理爭端后，應該馬上成立專家小組，專家組應當在成立后的 90 天內，向爭端各方提交最終報告，並且應該在報告作出 3 周后散發給 WTO 的其他所有成員國。如果專家組認定補貼為禁止性補貼，那麼應該建議立即取消該種補貼，並且要明確限定撤銷補貼的期限。除非爭端一方提出上訴，或者爭端解決機構經過一致協商決定不通過專家組報告，否則爭端解決機構應該在報告散發給所有的成員國后的 30 天內通過該報告。

2. 可訴性補貼的救濟

《SCM 協議》第 7 條對可訴性補貼的救濟做了這樣的規定，「一成員如果有理由認為另一成員實施的可訴性補貼對其利益造成了不利影響，則可要求與實施該補貼的成員進行磋商」。「若提出磋商請求后的 60 天內未能達成解決辦法，那麼任何一方可以將爭端提交爭端解決機構」。

爭端解決機構受理爭端后，設立專家組，除非爭端解決機構協商后一致不同意設立專家組。專家組應當在 120 天內向爭端各方提交最終報告，並將報告散發給 WTO 其他所有成員國。除非爭端一方提出上訴，或者爭端解決機構一致決定不通過專家組的報告，否則爭端解決機構應該在報告散發給全體成員國后 30 天內通過該報告。

如果爭端解決機構通過的專家組報告或者上訴機構報告認定可訴性補貼應該予以撤銷，那麼實施補貼的成員應該在報告通過之日起 6 個月內採取適當措施，消除補貼所造成的不利影響或者取消該項補貼。並且在這段時間裡，爭端雙方還可以就補償等問題進行談判。

與禁止性補貼相比，可訴性補貼的爭端解決程序時間比較長，這體現了對不同類型補貼約束程度的差異。

3. 不可訴性補貼的救濟

由於不可訴性補貼一般不會對國際貿易造成不利影響，《SCM 協議》通常不予干涉不可訴性補貼。但是對於專向性的補貼應該通知補貼與反補貼委員會，一旦這些補貼被認為與《SCM 協議》規定的條件和標準不一致，就有可能被視為可訴的補貼；即使某種補貼被認為符合《SCM 協議》規定的條件和標準，但該補貼對其他成員國造成了嚴重的不利影響，則可請求進入磋商程序。

4. 爭端解決程序時間表

表 3.1　　爭端解決程序各階段時間表

爭端解決程序階段	估計時間
磋商、周旋、調停、調解等	60 天
DSB 設立專家組並任命其成員	45 天
專家組最終報告提交爭端各方	6 個月
專家組最終報告提交 WTO 全體成員	3 周

表3.1(續)

爭端解決程序階段	估計時間
DSB 報告（如無上訴）	60 天
總計（如無上訴）	1 年
上訴機構報告	60～90 天
DSB 通過上訴機構報告	30 天
總計（如上訴）	1 年 3 個月至 4 個月

資料來源：蔡春林，高維新，杜規武，陳炳瑞．貿易救濟法［M］．北京：對外經濟貿易大學出版社，2006.

三、《SCM 協議》對發展中國家的特殊待遇

世界貿易組織各成員國認識到，補貼可在發展中國家成員的經濟發展中起到重要的作用。因此《SCM 協議》規定了對發展中國家的差別待遇和轉型國家的過渡安排，讓發展中國家成員國可以充分利用《SCM 協議》來保護和發展自己。

《SCM 協議》中將發展中國家分為特殊發展中國家成員和一般發展中國家成員。特殊發展中國家成員包括了聯合國制定為最不發達國家的世界貿易組織成員和人均每年國民生產總值低於 1000 美元的發展中成員國。

（一）針對禁止性補貼的差別待遇

禁止性的出口補貼不適用於特殊發展中國家成員，而對其他發展中國家成員截至 2003 年 1 月 1 日適用。在當時，有些發展中國家成員認為需要繼續實施此類補貼，與委員會協商以確定其合理性，延長適用期。但是，如果受補貼產品有了「出口競爭力」，發展中國家成員在 2 年內，最不發達國家成員在 8 年內取消對該產品的出口補貼。

《SCM 協議》對於產品具有「出口競爭力」的標準定為：

成員方某項產品的出口連續 2 年在該產品的世界貿易份額中達到了 3.25%。對於進口替代補貼的禁止自世界貿易組織協議生效之日起 5 年內部適用於一般發展中國家成員，8 年內不得適用於最不發達國家成員。

（二）針對可訴性補貼的差別待遇

可訴性補貼對於發展中國家成員來講是可以給予或維持的，但是如果被認定由於該補貼而使得其他成員國 1994 年關貿總協定項下的關稅減讓或其他義務的利益喪失或減損，從而取代或阻礙了另一個成員國的同類產品進入補貼發展中國家成員的市場，或發生對進口成員方市場國內產業的損害，那麼另一個成員國可以根據《SCM 協議》實施相應的反補貼措施。

（三）其他方面的差別待遇

反補貼措施差別待遇。如果一項補貼措施被認定為其代表產品價值的 2% 及以下，那麼針對該發展中國家產品的反補貼措施必須停止；如果補貼產品占進口國市場 4% 以下，則該項反補貼措施也必須停止；如果幾個發展中國家的補貼產品加在一起占進口國市場的 9%，那麼反補貼措施可以繼續實施。

關於使用國產貨的禁止性補貼的規則，發展中國家成員從 2000 年開始適用，最不發達國家從 2003 年開始適用。

第三節　中國產品遭遇反補貼的狀況

一、中國面對的反補貼國際形勢

隨著越來越多的國家承認中國的市場經濟地位，反補貼很有可能是繼反傾銷之后成為美國、歐盟等國家下一步針對中國的貿易救濟措施。與此同時，反補貼話題一時鋪天蓋地地壓來。

商務部國際貿易經濟合作研究院副院長李雨時表示：「對中國外貿帶來更大影響的不是反傾銷，而將是反補貼問題。」

目前，儘管許多世貿組織成員均設立了反補貼措施，但由於視中國為非市場經濟國家而未採取行動。但是，加拿大的做法有可能被其他世界貿易組織成員相關產業效仿，導致其向政府申請對華反補貼調查的增加。(見表 3.2)

表 3.2　　截至 2008 年 8 月中國出口產品遭受反補貼調查的全部案件

調查發起國	提出日期	反補貼品種	反補貼狀態
加拿大	2004 年 4 月 13 日	燒烤架	第一次反補貼、反傾銷調查，徵收 16% 的臨時反補貼稅
加拿大	2004 年 4 月 28 日	不銹鋼緊固件	第二次反補貼、反傾銷調查，徵收 32% 的臨時反補貼稅
加拿大	2004 年 10 月 4 日	複合地板	第三次反補貼、反傾銷調查，徵收 2.01% 的臨時反補貼稅
歐盟	2005 年 7 月 7 日	皮面鞋和合成皮面鞋	反傾銷調查，在市場經濟地位中初次涉及反補貼問題
加拿大	2006 年 6 月 8 日	銅管件	反補貼調查，徵收 17% 的臨時反補貼稅

表3.2(續)

調查發起國	提出日期	反補貼品種	反補貼狀態
美國	2006 年 11 月 21 日	銅版紙	2007 年 10 月 18 日，美商務部就銅版紙案做出終裁，裁定中國涉案企業有 7.4% ~ 44.25% 不等的補貼幅度
日本	2007 年 2 月 6 日		日本將作為第三方加入美中補貼爭端
歐盟、日本和澳大利亞	2007 年 2 月 17 日		要求以第三方身分加入中美間的磋商
美國	2007 年 6 月 28 日	標準鋼管	第二次反傾銷、反補貼調查
美國、墨西哥	2007 年 7 月		要求世界貿易組織成立專家小組
美國	2007 年 7 月 18 日	薄壁矩形鋼管	第三次反傾銷、反補貼調查
美國	2007 年 7 月 19 日	複合編織袋	第四次反傾銷、反補貼調查
美國	2007 年 7 月 31 日	非公路用輪胎	第五次反傾銷、反補貼調查
加拿大	2007 年 8 月 13 日	無縫油井管	反傾銷反補貼調查
美國、墨西哥	2007 年 8 月 31 日		要求世界貿易組織成立專家小組，對中國禁止性補貼進行調查和裁決
美國	2007 年 10 月 12 日	未加工橡膠磁	第六次反傾銷、反補貼調查

表3.2(續)

調查發起國	提出日期	反補貼品種	反補貼狀態
美國	2007 年 10 月 29 日	低克重熱敏紙	第七次反傾銷、反補貼調查
美國	2007 年 11 月 29 日	亞硝酸鈉	第八次反傾銷、反補貼調查
加拿大	2008 年 1 月 24 日	碳鋼焊縫管	第六次反傾銷、反補貼調查，並同時啓動市場經濟行業調查
美國	2008 年 2 月 20 日	不銹鋼焊接壓力管	反補貼調查，徵收 106.85% 的臨時反補貼稅
加拿大	2008 年 5 月 15 日	半導體冷熱箱	反補貼反傾銷合併調查，徵收了 0.76% 臨時反補貼稅
加拿大	2008 年 8 月 18 日	鋁型材	反補貼反傾銷合併調查，對應訴企業徵收 5.47% 的臨時反補貼稅，對其他未應訴企業——並徵收 17% 的臨時反補貼稅

資料來源：根據中國貿易救濟信息網 www.cacs.gov.cn 相關資料整理。

(一) 加拿大——對華反補貼的「發起人」

2004 年 4 月 13 日，加拿大邊境服務署應加拿大安大略省 Fiesta 烤肉架有限公司的申請，對原產於中國的烤肉架進行反傾銷和反補貼的「雙反」立案調查。

同年 6 月 11 日，加拿大國際貿易法庭對此案作出肯定性損害初裁；到 8 月 27 日，加拿大邊境服務署對此案做出了反補貼初裁，對涉案產品徵收16%的臨時反補貼稅；2004年11月19日，加拿大邊境服務署決定終止對原產於中國的烤肉架進行反補貼調查，並最終確定，在反補貼調查問卷中所列舉的8項政府補貼中，中國出口企業僅從中國政府的外商投資企業稅收優惠政策方面獲得了利益。經過計算，補貼率為1.4%，根據加拿大《特別進口措施法》的規定，此案補貼額可忽略不計。

該案件是加拿大對中國產品採取反補貼措施的第一案，同時也是中國遭遇反補貼的第一案。由於當時包括美國、歐盟在內的許多國家一直將中國視為非市場經濟國家，所以中國在2003年以前沒有遭受過國外反補貼調查。因此加拿大可謂是對華反補貼的「發起人」。此后，加拿大成為繼美國之后，對中國密集實施反補貼調查的第二大國。

加拿大對華共發起的反補貼調查，重點不在於給中國的涉案企業造成了多大的影響，也不在於給國內或單獨關稅區內相關產業的競爭力造成多大的影響，其最大的意義在於給中國的企業、產業、相關的職能部門發出了一個「信號」：中國遭遇的反補貼調查數量可能會逐漸增多。

（二）美國對華反補貼——「跟風」加拿大

2005年前，按照WTO以及美國的成文法規定，美國不能對非市場經濟國家提起反補貼調查。但是，自加拿大利用法律的修改在2004年順利成為第一個正式對中國提起反補貼的國家后，美國也從中受到了「啓發」。在2005年7月，美國眾議院通過《美國貿易權利執行法案》，該法案中准許對來自非市場經濟體的進口適用美國反補貼法。

2006年11月20日，美國商務部作出了針對中國銅版紙發起反補貼調查的決定。這是美國第一次對從「非市場經濟國家」進口的產品徵收反補貼稅，從而改變了美國堅持了23年的不對「非市場經濟」國家實施反補貼法、採取反補貼措施的貿易政策。截至 2008 年年底，美國共發起 9 起對華反補貼調查，這些調查不僅大部分為反補貼反傾銷合併調查，而且立案的密集度也非常地罕見。應引起我們重視的是，在 2008 年 2 月 20 日，美國對原產於中國的不銹鋼焊接壓力管實施的反補貼調查中，竟徵收了高達 106.85% 的臨時反補貼稅，這在國際社會中實屬少見。

（三）歐盟對華反補貼——未雨綢繆

截至 2008 年，歐盟尚未對中國發起反補貼調查，但是作為世界上最重要的經濟聯盟，中國第一大貿易夥伴，反傾銷反補貼重要的實施區域，歐盟自然不會漠視這種效率極高的貿易保護方式。2005 年 7 月 7 日，歐盟宣布對中國皮面鞋和合成皮鞋發起反傾銷調查，而在為這個案件涉及的市場經濟地位問卷中，首次涉及補貼問題。同時，就在 2005 年美國宣布對中國適用反補貼法不久后，部分媒體報導稱，有歐盟官員透露，歐盟方面也在考慮重新修訂對中國等國家的反傾銷政策，並可能改變在補貼問題上對中國等「非市場經濟國家」較為寬松的立場。從這裡，我們可以發現歐盟對中國欲籌備反補貼措施，同時也預示著中國即將面臨更嚴峻的國際反補貼形式。

（四）國際效應——「羊群效應」

美國 2006 年第一次對華採取反補貼措施，是美國 13 年來對華貿易政策走向強硬的最重要的一步。這一舉措對雙邊貿易帶來的實際影響可能不是很大，但是在美國的其他行業乃至國際上的其他國家引發的示範效應，是不可忽視的。我們可以發現墨西哥並不是中國的 10 大貿易夥伴國之一，與中國之間的貿易量也不是很大，卻曾兩次與美國一起要求世界貿易組織成立專家小組，對中國禁止性補貼進行調查和裁決；日本在美國政府宣布就中國採取非法貿易補貼做法，向世界貿易組織提出申訴后，表示正在考慮加入美國的行列，就工業補貼向 WTO 起訴中國。這些國家的「無理」跟風，乃至引起的國際「羊群效應」，是中國不得不警惕的，這也預示著今后中國應對反補貼措施的情況將會變得越來越複雜。

二、國際反補貼對中國經濟的影響

西方很多國家都採取了反補貼措施，這些來勢洶洶的國際反補貼對削弱中國出口產品的競爭力產生了一定的負面影響。

（一）削弱中國出口產品的競爭力

國外對華運用反補貼政策會削弱中國出口產品的競爭力。尤其當中國出口產品以價廉來支撐微薄的利潤空間時，反補貼所帶來的高額稅負必定使得國內產品在國際市場上不具備競爭力。

（二）涉及整個產業鏈，影響面廣

由於涉及政府對經濟控製行為的特殊性，所以反補貼調查不僅影響企業，而且波及國民經濟的各個領域。從實踐上講，反補貼措施徵稅稅率一般高於反傾銷稅，因此涉及政府補貼對象的下游企業甚至整個產業鏈受打擊的程度就比較大。各企業不但要為此支付高昂的反補貼稅款，而且也將面臨反補貼調查所直接造成的出口受阻、產品競爭力下降和可能造成的利潤減少等問題。

（三）政府的產業政策

反補貼調查更是會間接干預中國經濟與產業政策，影響到國家發展戰略的制定。中國目前還是發展中國家，需要政府在資金、政策上的扶持發展高性能、高附加值的技術項目，加快中國資源優勢轉化為技術優勢和經濟優勢。如果為了減少他國的反補貼調查，中國政府按照國外所設定的市場經濟標準自動減少對產業的扶持，這對中國宏觀調控政策和總體經濟的負面影響是巨大的。

第四節　中國遭遇國際反補貼的原因分析

反補貼的原因很多，也相當的複雜。本節主要從兩個角度入手來進行詳細的分析，即宏觀角度和微觀角度。所謂宏觀角度即為國際上的因素以及一些中國難以改變的因素。微觀角度即可以通過自身努力去改變的因素——分別從政府、行業協會以及出口企業三個方面進行論述。

一、宏觀原因

宏觀原因主要包括國際上的因素以及目前中國無力改變的一些因素。

(一) 國際貿易保護主義政策盛行

近幾年來，隨著中國的國際地位提升，綜合國力的加強，「中國製造」在國內外也已經是家喻戶曉，中國產品隨處可見，歐美等國家對中國的貿易逆差也越來越大。2008 年爆發的全球經濟危機，使得全球經濟衰退，國際貿易保護主義盛行，中國成了西方貿易戰下的最大攻擊目標。一些國家，為了抵制中國具有競爭力的產品，保護本國的產業，濫用反傾銷、反補貼等貿易保護措施。由於中國勞動力豐富，自然資源富裕，在國際分工中生產勞動力和自然資源密集型產品中佔有相當大的優勢。這類產品的出口增長量是相當驚人的，如此發展趨勢也引起了進口國的關注和不滿，他們想盡一切辦法保護國內的產業，屢屢對中國出口產品採取貿易保護手段。

(二)「市場經濟」地位的努力

國際上對「非市場經濟國家」的統一定義是指不以成本或價格結構的市場原則運轉的、產品的國內銷售價格不反應商品的公平價值或正常價值的任何國家。過去國外一直將中國定為「非市場經濟國家」，對我們採取最多的是反傾銷措施。因為反補貼調查只能針對市場經濟國家，對非市場經濟國家並不適用，這也作為一項慣例為各國的實踐所遵循。所以在 2004 年之前，國外幾乎沒有對中國採取過反補貼調查。經過中國近幾年的努力，目前已經有 77 個國家相繼承認中國的市場經濟地位，甚至連歐盟都給予中國的企業以「市場經濟導向企業的認定」。這些事實給國外對中國實施反補貼調查和手段做出了很好的鋪墊。如果將來世界各國完全認可了中國的市場經濟地位，那麼肯定會對中國應訴反補貼案件非常不利。

（三）中國對外貿易順差越來越大

自中國加入世界貿易組織后，中國的對外貿易順差就不斷地擴大，尤其是對美國和歐盟。貿易順差過大是美國和歐盟對中國採取反補貼調查的重要原因之一。

二、微觀原因

微觀因素包括政府因素、行業協會因素以及企業自身的因素。

（一）政府因素

眾所周知，補貼主要是一國的政府行為，因此，政府因素是國外對華採取反補貼措施的重要原因。

1. 中國的特殊國情

雖然從 1979 年開始，中國實施改革開放，發展至今經濟方面已與國際接軌，但是不可否認的是由於國情的特殊，中國的確保留了相當一部分計劃經濟體制時期的政策，這些政策多多少少都帶有不發達國家傳統發展模式的很多特徵。在加入 WTO 時中國政府承諾取消一定數量的出口補貼，這使得中國企業在應對國外的反補貼訴訟中處於非常不利的地位。雖然如此，但是最根本的問題就是，中國各級政府的補貼政策確實是實實在在存在著的，最明顯的就是對農產品的補貼政策。這使得國外有機會對中國實施反補貼調查和訴訟。

2. 中國的補貼政策與《SCM 協議》存在著差距

中國是一個發展中國家，補貼政策也一直是中國經濟政策的重要組成部分。但是中國很多的補貼政策都與《SCM 協議》相悖。比如，對競爭性產業和國有企業的部分補貼並未有效改善它們的經營效率和競爭實力，而且產生的「投入」效應影響著國家對科教、技術創新、環境保護、公益設施的投入與支持，導致財政功能和補貼政策在一定意義上的錯位；在發展衝動的驅使下，地方財政競相推出種種財政補貼「優惠政策」，這些政策性規定或實踐中的種種做法與 WTO 的有關規則相互抵觸。有些都屬於《SCM 協議》規定中的專向性補貼，諸如中國對國有企業的補貼。因此，中國這些補貼政策很容易遭到國外的反補貼調查，以致徵收反補貼稅。

3. 經驗的缺乏

由於補貼主要是一種政府行為，因此對於反補貼的應對主要也是政府的行為。在加入 WTO 前，中國提交了一份清單，清單上所列的就是可能存在的可訴性補貼和禁止性補貼，在提交清單的同時，中國也作了逐步取消和清理這些可能存在的補貼的承諾。中國政府已經意識到中國國內存在著一些不符合 WTO 規則要求的補貼存在，由於處理經驗的缺乏，在實際面對反補貼調查時，中國政府還是顯得措手不及。

除此之外，當一國遭遇反補貼調查時，需要該國的政府作出答復。而中國在 2004 年前，幾乎從未遭到國外的反補貼調查，因此也相對缺乏應對此類問題的經驗。在政府提供的信息不完整時，國外調查機關不能根據調查中的信息計算相關的補貼額。在這樣的情況下，進口國的調查機關往往會做出不利於中國的決定。

（二）行業協會因素

與國外的行業協會相比，中國行業協會的建設才剛剛起步，發揮的作用也是微不足道。但是國外行業協會在發起反補貼調查這個環節中卻扮演著舉足輕重的角色。具體來講，西方國家行業協會的作用表現在三個方面：

（1）參與立法。

（2）為政府服務，即向政府提供本行業發展趨勢的報告，提出行業經濟政策、制定行業標準；負責貿易保護、市場損害調查、協調貿易糾紛；甚至陪同總統出訪，進而與被訪國家達成大宗交易等。

（3）為企業服務，如規範行業內部的競爭行為，規劃行業發展，提升行業競爭力，維護本行業的企業利益，西方國家甚至連出口配額大多都是由行業協會負責分配的。

在中國，首先行業協會是一個相對不受重視的機構，其次行業協會對企業管理、協調的力度不夠，也是反補貼訴訟的誘發原因之一。行業協會作為企業的忠實代表和政府管理的協助者，應該做好政府與企業的溝通和橋樑工作，幫助國內各企業收集國內外信息，實施行業自律，有效制定出口價格和規範貿易秩序。行業協會的松散管理，最終將使各個企業像一盤散沙，在國外洶湧而來的反補貼攻勢面前不堪一擊。

（三）出口企業及產品因素

出口企業及產品方面的因素很多，錯綜複雜，較為主要的有以下幾種：

1. 出口商品結構方面存在問題

中國出口企業的產品出口結構不合理。勞動密集型的產品是中國出口數量最多的產品，產品的附加值偏低，進入進口國后相對價格也比較低，非常有競爭力。就拿工業製成品來說，中國的工業製成品在國際上比較具有競爭力，進入進口國后價格也比較低。可以想像，進口國為了保護本國的工業製成品產業，一定會採取某些貿易保護措施，而反補貼措施就在其考慮範圍內。

2. 出口市場過於集中

海關的相關統計數據表明，歐美市場占了中國所有出口市場的65%左右，這其中包括了中國直接出口和經過香港的轉出口。可見，中國的出口市場是相當的集中，這就存在貿易摩擦的隱患。尤其是在近兩年，受到全球金融危機影響，歐美不僅要保護，更要扶持復甦本國經濟，最便捷的一個方法就是使用「貿易戰」。通過採取各種措施，阻止國外產品過分瓜分本國經濟利益。中國出口產品的低價格，大的市場佔有率，肯定是首當其衝的貿易戰目標對象。

3. 出口企業存在不良的短期經濟行為

由於中國出口目標市場非常集中，而且出口企業長期以來一直信奉「薄利多銷」的經營理念，導致眾多出口企業都將產品出口到某個被看好的進口國。如此一來，各個企業為了使自己的產品佔有更大的市場份額，不惜以「價格」作為武器，相互壓價。更有甚者，有些企業為了拓展新市場，往往都會利用「低價」這個手段去引誘進口國內的消費者。這些企業的不良短期經濟行為，無論產品是否真的受到補貼，都導致出口產品在進口市場價格優惠，讓國外相關行業以造成損害為借口，發起反補貼調查。

4. 出口企業的反傾銷應訴能力提高

反傾銷一直是世界各國對中國慣用的手段，截至2008年年底，已經有34個國家和地區發生了大約640起涉及中國出口產品的反傾銷案件。國外對中國的反傾銷給中國帶來了將近160億美元的直接損失，並且導致中國有51余萬人的潛在失業。由於中國出口企業屢遭反傾銷訴訟經歷，使得他們應訴反傾銷的能力不斷提高，應訴率和勝訴率也有明顯的增加。各國也已經察覺到中國出口企業的這些明顯變化，因此轉而尋求其他可以利用的貿易手段來保護自己的國內市場和相關產業。

第五節　中國應對國際反補貼的對策

基於國外對華反補貼的原因分析，本節的主要研究是有針對性地提出一些政策建議和對策。本節將針對政策的三個主體——政府、行業協會和企業分別來論述。政府是政策的制定者，企業是政策的執行者，也是國外對華反補貼的受害者，行業協會是政府和企業之間的一個橋樑，發揮著越來越大的作用。

一、政府的應對策略

現今，特別是在某些西方國家以反補貼作為反不公平競爭的盾牌，實際推行的卻是貿易保護主義。為了有效地應對國際反補貼訴訟，政府的應對策略不僅對中國的對外貿易和實施正確的經濟政策具有一定的指導作用，而且也對中國處理因補貼與反補貼產生的雙邊或者多邊糾紛具有重要的實際意義。

（一）及時調整中國的補貼政策

1. 政府應在大政策方面做出調整

政府應該在大的政策方面做出調整，逐步取消禁止性補貼。

比如，出口補貼是《SCM 協議》中所明令禁止的，但是出口退稅確實是非常有效的鼓勵出口的手段。《SCM 協議》附件二中明確規定：「間接稅減讓表允許對出口產品生產投入消耗的前階段累計間接稅實行豁免、減免或延期。」由此可見，只要出口退稅的金額不超過該產品實際所含間接稅金額，即出現「超額退稅」時，出口退稅就不屬於出口補貼。目前，中國出口商品徵增值稅為17%，實際退稅9%或11%，尚未能徹底退稅，也就是說，中國在充分利用WTO規則促進出口方面仍有余地。

再比如，中國存在這樣一個現象。在科技稅收優惠政策中，對高新技術企業，尤其是對軟件和集成電路企業的進出口關稅、所得稅、增值稅及稅收抵扣都有優惠政策。其實這種現象是屬於帶有專向性的補貼，在《SCM 協議》中是明令所禁止的。可是，政府如果將這些優惠政策投入到對這些高新技術的研究開發中，那麼這就不再是專向性的補貼，而屬於不可訴補貼了，這是被《SCM 協議》所認可的。

2. 關注省級以下地方政府的經濟發展優惠政策

要及時掌握各級政府的補貼信息，防止各級地方政府濫用補貼政策。政府首先要有針對性的取消各級地方政府給予《SCM 協議》中禁止性補貼的權利，近年來，中國省級以下地方政府的很多政策措施都是違反《SCM 協議》的。比如，一些地區和部門為了追求經濟增長速度，提供比國家規定更為優惠的稅收政策來吸引外商投資；或者擅自設立開發區等，這些地方政府的優惠政策都與《SCM 協議》中的相關內容相悖。

與此同時，中國部分區縣政府出於對自身的利益考慮，一般不願意將管轄區內的補貼信息提供給上級政府。例如在加拿大緊固件反補貼調查中，中國政府就向加拿大相關部門稱中國政府無法獲得這些補貼信息，因為這些信息是歸地方政府控製的。

鑒於這樣的事實，中國政府應該即時關注省級以下地方政府的經濟發展優惠政策，及時掌握各級政府的補貼信息，發現不合理的或者屬於「專項性」補貼的，應逐步取消，防止各級地方政府濫用補貼政策，盡量使中國各地方的經濟發展政策符合《SCM 協議》要求，讓外國政府無可挑剔。

總的來說，補貼政策調整的一個大思路是清晰明瞭的，即及時取消禁止性的各類補貼，引導產業合理利用可訴性補貼，充分運用不可訴補貼。政府重視並重點實施不可訴補貼方是長遠之計。

（二）加大優惠政策的透明度

在中國遭遇的反補貼案件中，有很大一部分是由於中國的一些優惠政策不夠透明。

所謂透明度缺乏主要包括：

（1）在具體審批和執行優惠政策時，通常由於政府的權利比較大，一些符合標準條件的企業可能不能獲得優惠政策的待遇。

（2）中國官方對某些優惠政策含糊其辭，措辭模糊，不嚴謹，實施的標準不清晰，甚至有些優惠政策都沒有及時有效地公開。

這些優惠政策的審批與執行的過程中不透明，是由於中國相關的法制建設進度緩慢，內容不完善造成的。但是外國政府和行業卻認為是中國政府行為隨意，構成了事實上的「專項性」補貼。因此中國政府應該加大這方面政策的透明度，做到政策透明，標準統一。

（三）優化官方網站的公開信息

當前，西方國家，尤其是歐美等發達國家對於中國補貼信息的獲得途徑通常是在網上搜索中國政府官方網站上的補貼信息，將這些信息視為調查的依據，並作為起訴中國政府補貼的強有力的證據。所以，政府應該充分認識到這個問題的嚴重性，盡快優化中國政府相關官方網站的公開信息和項目，對於那些明顯不符合《SCM 協議》的措施都應該從網站上和對外宣傳品中進行清理和刪除。對沒有把握的補貼政策，不得在網上做宣傳。

(四) 加強相關人才培養

由於大部分的反補貼法都源於 WTO 的《SCM 協議》，同時各成員國又根據相關國情做了修改，致使每個國家關於補貼和反補貼的立法都大不相同。加之，相對於反傾銷，中國對於應對反補貼的經歷是少之又少，相關人才更是相當的匱乏。

因此，對於反補貼人才的培養是迫在眉睫。這些人才不僅要求其熟悉《SCM 協議》的各個條款，熟知中國的相關補貼現狀，更要求其能精通各國語言，深入研究相關成員國的補貼立法。中國政府在反補貼人才的培養上，應該引起相當的重視。

(五) 建立並完善反補貼預警體系

中國應該加強對重點產業、重點產品、重點國家和地區的國際市場狀況以及進出口情況等重要參數變化的檢測，建立損害預警模型，實現產業保護工作的前置化。隨著國內產業法律意識和維護意識的逐步提高，反補貼預警體系的建立變得尤為重要。提前防範，提前預警，可以讓中國政府在面對國外來勢洶洶的反補貼訴訟時，變被動為主動，更及時地提前掌握信息動態，從而達到保護中國相關產業的效果。

(六) 從案例分析中借鑑經驗，擬訂行之有效的應對措施

認真研究 WTO 成員間補貼與反補貼案件，尤其是發達國家與發展中國家之間的爭端案件，瞭解案件的緣由、WTO 爭端解決機構的程序以及案件涉及的《SCM 協議》實體等問題，以使中國得以借鑑，這對中國制定反補貼規則和應對反補貼案件人有裨益。

我們現在應重視研究補貼與反補貼的法律、法規，調查、瞭解、分析中國某些經濟政策、外資政策、貿易政策與世貿組織補貼與反補貼規則的相符性，研究西方國家對中國適用反補貼可能帶來的后果和影響。中國已有 25 年之多的應對反傾銷的經驗和教訓，但在應對反補貼案件上還是新手。因此，要積極

借鑑抗辯反傾銷案件的經驗，要探討研究抗辯反補貼案的知識和技巧，善於聘用在反補貼案上有經驗的律師。通過研究，適時調整相關經濟政策與措施，擬訂出行之有效的應對國外尤其是歐美國家反補貼的政策與措施。

二、行業協會應對策略

在中國，行業協會是一個相對陌生而且不受重視的機構，這和西方國家截然相反。但是在開放型市場競爭中，行業組織在保護國內產業、支持國內企業增強國際競爭力方面的重要作用是不容忽視的。因此，要鼓勵行業協會積極發揮作用。

可以這樣說，行業協會就是企業的代言人，當企業面臨國外的反補貼訴訟時，行業協會應當積極承擔起保護企業的責任，並且幫助企業搜集資料，協助企業應訴。從而真正做到維護中國企業的權益。

（一）整合和加強企業資源

行業協會可以使國內的各個相關企業聯合起來，統一協商價格、銷售方案、市場開拓等方面的內容，制定出具有競爭力的發展方案，充分發揮出 1 + 1 > 2 的效應。尤其是在開拓國際市場時，行業協會可以協調出口商品的價格，避免企業競相壓價的惡性競爭行為，維護自身利益。在信息服務方面，行業協會可以作為政府信息部門的輔助，為企業提供專業化的行業信息和針對性強的市場需求信息。

（二）協助企業關注目標市場國（地區）有關產業的現狀

在出口產品前，行業協會應該盡可能的協助企業去瞭解目標市場的現狀以及相關政策，無論該產品是否受到補貼。只有在這樣的基礎上，才能最大程度避免國外對中國產品反補貼的訴訟。同時產品進入該進口國市場后，行業協會也應該即時關注進口國內相關產業的變動情況，以及時通知企業調整營銷和出口策略，在最大程度上保障出口企業的權益和利益。這樣至少可以保證出口企業在遭到進口國反補貼訴訟時，對症下藥，提出有利的駁回和辯訴。

（三）關注並且收集其他成員國的補貼措施

在當今的世界上，幾乎每個國家都或多或少的對某些行業或者某種產品實施著補貼。如果中國行業協會可以準確掌握到這些信息，並且及時通知給出口企業，那麼企業就可以合理制定產品的出口營銷策略，使自己的產品更具有出口競爭力。同時可以幫助中國出口企業在解決有關的反補貼爭端中化被動為主動，確保中國企業處於相對平等的地位。

（四）做好政府與企業間的溝通橋樑

中國的行業協會可以幫助企業實施反補貼法律保護和進行反補貼應訴，可以作為企業與政府的橋樑。在企業遭遇反補貼訴訟時，及時將相關情況報告政府，和政府溝通，協助搜集相關信息，為反補貼案應訴做積極的準備工作。對於補貼信息的搜集，是反補貼調查案的關鍵所在。而對於中國已經遭遇的國際反補貼案中，充分反應出中國對行業和產品補貼信息的收集和整理工作相當滯后。當反補貼調查機關要求提供相關信息和材料時，中國政府和企業無法及時滿足調查機關的要求，那麼反補貼調查機關作出的最終裁決，必然會對中國企業不利。

中國的行業協會作為政府和企業溝通的橋樑，與企業和政府之間配合協調。在遭遇國際反補貼前，行業協會充分利用自己所能掌握的信息，與企業和政府共同作好相關監測和預警工作；當出口企業遭遇到反補貼調查時，行業協會充分發揮橋樑溝通作用，及時通知政府相關部門並且請求幫助；在應訴時，行業協會協助企業和政府，積極搜集相關信息，做好政府和企業間的溝通，那麼政府和企業就可以減少因為掌握的信息不對稱而在應訴中處於不利地位的概率，提高勝訴率。

（五）做好「四體聯動」機制合力的中堅力量

時間緊、工作要求高是反補貼工作的兩大特點。此外，通常反補貼工作都會涉及一些政府掌握的內部資料和問題，所以必須要有強而有力的協調機制來調動一切力量。基於這點，中國商務部要求要形成涉及中央政府、地方政府、仲介組織、涉案企業的「四體聯動」機制，從而形成一股合力，以此來共同應對國外對中國的反補貼調查和訴訟。

在「四體聯動」機制的合力中，行業協會應該充分發揮中堅力量的作用，做好承上啓下的功能，做好中央政府、地方政府和企業這三個主體的相互間的協調工作，以達到真正的「四體聯動」。

三、出口企業應對策略

（一）出口企業應分散受補貼出口商品的市場投向

《SCM 協議》雖然強調了發展中國家在某些出口商品上實施補貼的必要性，但同時規定受補貼產品的出口仍不得對其他締約方境內的相應產業造成明顯的嚴重損害。所以，受到補貼的產品能否出口的關鍵就是是否避免被其他成員國家指責造成嚴重損害。而走出這種困境的方法就是出口企業應該事先分析出口市場的類似商品的市場結構。如果企業在比較短的期間內向進口市場輸入了大量的受補貼商品，這就很容易遭到進口國相關產業的嚴重損害指責，從而受到反補貼調查或者訴訟。中國出口企業應該對受補貼的出口商品在市場上的分散投向加強控製。

（二）企業應提高產品的技術含量

國外之所以會對中國產品提起反補貼訴訟或者反補貼調查，最大的原因就在於這些產品無論是否真的受到補貼，但是其低廉的價格已經完全損害到了國外相關產品的市場和產業。或許反補貼只是國外為了保護本國產業的一個借口罷了。我們也應該充分認識到中國確實是以勞動力密集，且技術含量不高的產品為主要出口商品。因此，也就非常容易招致國外的反補貼調查。

作為一個發展中的大國，中國一直在強調要改變經濟增長模式，從而為中國的經濟帶來更大的發展空間。同理，出口企業也應該逐漸改變現在的出口現狀，提高相關出口產品的技術含量，增加出口效益，同時可以相應減少相關的貿易摩擦。

(三) 企業應該正確看待國外對華反補貼問題

現在很多企業有這樣的想法：配合反補貼調查與應訴主要是政府的事情。因為反補貼措施與反傾銷措施不同，前者的應訴主體主要是政府和行業，反傾銷的應訴主體是企業。他們認為，補貼既然是政府行為，那麼要從根本上解決反補貼問題，取決於政府對相關政策的調整。這固然有一定的道理，不過有時針對中國產品的反補貼調查也可能與政府補貼無關。因為中國產品低價搶占市場的行為屢見不鮮，這也是導致國外對華反補貼的原因之一。所以出口企業應該正確看到國外對華的反補貼問題，不要一味的將責任推卸給政府，這其實是一種誤導。

(四) 出口企業應該積極認真地應對反補貼起訴

總的來說，反補貼案件相對於反傾銷案件而言發生得比較少，其主要原因在於外國提供給該國生產商的補貼的詳細資料很難獲得。另外，補貼在全世界範圍內廣泛存在。因此，除非在非常明顯的情況下，各國一般不願意進行反補貼調查，以免引起其他國家的報復。但是一旦提起針對中國的反補貼訴訟，中國應該積極認真的處理。

中國出口企業應該在接到國外的反補貼訴訟后，應該積極搜集資料、參與調查。如果中國企業在接到訴訟后不作為或者不應訴的話，國外相關主管機構有權利將目前的事實作為既定結果，判定補貼存在且成立，從而進一步實施反補貼措施。這對中國企業來說是很不公平的，也是相當不利的。

與此同時，中國出口企業也應該充分利用 WTO 的爭端解決機制和《SCM 協議》中對於發展中國家的特殊待遇，以最樂觀的積極的態度面對國外對中國的反補貼調查。事實證明，對申訴理由駁回的越多、越徹底，成功的概率也就越高。

案例　中國首起農產品反補貼案例評析

對農業提供巨額補貼仍然是目前一些發達國家農業政策的基本出發點。在相當長的一段時期內，中國農業仍面臨著較為不利的國際補貼環境。因此，應積極穩妥實施反補貼措施，改善國際農產品貿易環境，維護中國農業生產經營者的合法權益。2010 年 4 月 28 日，中國商務部發布了《關於白羽肉雞產品反補貼調查初裁的公告》。此案是中國首例對外國進口農產品實施的反補貼案例，對維護中國農業基礎產業的健康發展具有重要的理論意義及實踐價值。

一、案例基本情況

根據《中華人民共和國反補貼條例》規定，商務部應國內產業代表中國畜牧業協會的申請，於 2009 年 9 月 27 日發布公告，對原產於美國的進口白羽肉雞產品進行反補貼立案調查，涉案金額超過 7 億美元；產品範圍界定為白羽肉雞產品，從美國進口的白羽肉雞產品數量占中國總進口量的 70% 以上。立案后，美國政府、美國禽蛋品出口協會以及 35 家美國白羽肉雞生產商、出口商登記應訴。2010 年 4 月 28 日，中國商務部發布了《關於白羽肉雞產品反補貼調查初裁的公告》。商務部對被調查產品是否存在補貼和補貼金額、被調查產品是否對中國國內白羽肉雞產業造成損害和損害程度以及補貼與損害之間的因果關係進行了調查。根據調查結果，商務部依據《中華人民共和國反補貼條例》第二十五條規定作出初裁認定，在本案調查期內，原產於美國的進口白羽肉雞產品存在補貼，中國國內白羽肉雞產業受到了實質損害，而且補貼與實質損害之間存在因果關係。美國應訴公司被裁定3.8%～11.2%不等的從價補貼率，未應訴公司從價補貼率為31.4%。國務院關稅稅則委員會根據商務部的建議作出決定，自本公告列明之日起，採用臨時反補貼稅保證金的形式對原產於美國的進口白羽肉雞產品實施臨時反補貼措施。

二、首例農產品反補貼案件的構成要素分析

農產品補貼通常是指一國政府對本國的農業產品生產商或者經營者提供資金或財政上的支持，包括現金補貼、價格支持或其他政策優惠待遇，使其農業產品在國際、國內市場上與未受補貼的同類產品相比獲得競爭優勢。依據WTO法律文件，按照出口實績提供的補貼（出口補貼）和因使用國內產品替代進口而給予的補貼（進口替代補貼）屬於禁止性補貼。對於禁止性補貼，一成員可以要求啓動世貿組織爭端解決程序，也可以採取反補貼措施。受影響的成員可以啓動反補貼調查，並徵收反補貼稅，以抵消因補貼產生不公平競爭行為對國內產業造成的損害。世界貿易組織《補貼與反補貼措施協定》規定了各成員方在反補貼調查中的相關權利和義務。中國商務部針對進口白羽肉雞產品實施的反補貼法律措施，主要依據世貿組織協定和《中華人民共和國反補貼條例》和配套的部門規章。根據世界貿易組織《SCM協議》，補貼是指在一成員國領土內由一國政府或者任何公共機構提供並授予某種利益的財政資助或任何其他形式的收入或價格支持措施。構成補貼的三個要素包括：一是補貼是一種政府的財政資助行為。本案調查機關初步認定，美國政府向白羽肉雞產品的上游產品即玉米、大豆種植者提供撥款，符合上述規定的條件，應認定為財政資助。二是補貼具有專向性。關於直接支付補貼項目，並不是所有的農產品都能從中受益，玉米和大豆是其中的兩大受益產業。美國政府的直接對本案所涉農產品支付補貼行為具有明顯的專項性，符合《中華人民共和國反補貼條例》的專項性規定。三是補貼授予了被補貼者某種利益。通過上述調查，中國調查機關根據現有證據做出初裁認定，美國政府對玉米、大豆直接支付補貼，使得本案所涉農產品生產者直接受益。

三、首例農產品反補貼案件的主要特點

其一，中國調查機關在本次反補貼調查過程中嚴格遵照了中國相關法律以及世貿組織協議的相關規定。程序公開透明，並依法給予了利害關係方充分發表評論意見的機會。本次反補貼調查不僅在創造公平有序的市場環境，維護涉案產業的合法權益方面具有重大意義，同時在中國貿易救濟的實踐和經驗累積方面也具有重要價值。初裁后，中國調查機關還將依照法定程序繼續進行調查，包括實地核查，並將依據法律和事實，公正、公平、合理作出終裁裁決。

其二，本案是中國對進口農產品發起的首起反補貼調查。調查機關通過調查發現，長期以來，美國政府對白羽肉雞產品飼料作物玉米、大豆提供的大量可訴性補貼，使美國白羽肉雞產品在中國市場上獲取了不正當的競爭優勢，對中國白羽肉雞產業造成了損害。來自中國畜牧業協會的數據顯示，2006—2008 年，中國進口肉雞總量增長了 47%，其中美國肉雞產品在進口來源國中穩居第一位，且所占比例不斷增加，來自美國的低價格產品已經對國內的產業造成了影響。這在 2008 年下半年至 2009 年上半年尤其明顯。2009 年上半年總進口量 40.7 萬噸，從美國進口的是 35.9 萬噸，占近 90%。調查發現，長期以來，美國政府對白羽肉雞產品飼料作物玉米、大豆提供的大量可訴性補貼，使美國白羽肉雞產品在中國市場上獲取了不正當的競爭優勢，對中國白羽肉雞產業造成了損害。

其三，中國調查機關在本案中首次對上游補貼傳導進行認定和分析。在本次反補貼調查中，國內申請人指控的補貼項目主要針對白羽肉雞產品的上游產業——玉米和大豆的補貼，因此在本案調查中涉及了上游補貼利益的認定和傳導分析。鑒於世貿組織協定對於此問題沒有具體、詳細的規定，各成員方有關上游補貼調查的立法和實踐也非常少。為此，調查機關進行了審慎、反覆的研究，經初步調查並通過比較應訴公司採購的受補貼玉米和大豆（豆粕）價格與未受補貼玉米和大豆（豆粕）價格，認定應訴公司在購買受補貼產品時獲得了競爭性利益，並使被調查產品的生產經營者獲得利益。

四、對中國反補貼政策措施實施的啟示

一方面，中國應適時適度依法定程序發起農產品反補貼調查。《反補貼條例》以及相關的反補貼規定是與《反傾銷條例》同時出抬，然而到目前中國才剛剛實施第一起農產品反補貼案件。作為一個快速、健康發展中的農業大國，有責任有義務積極行使法律權利，維護本國農產品生產經營者的合法利益，為推動優化世界公平貿易環境做出一份貢獻。在中國越來越多地遭遇外國反補貼調查的背景下，中國在積極應訴的同時，亦應有針對性地依法對某些國家啓動反補貼調查。應進一步完善反補貼機構、機制和措施，培養一大批熟悉農產品國際貿易規則的具有多種語言優勢的專家及專業律師等人才，以更好地應對複雜的反補貼格局。另一方面，政府應依據 WTO 協議調整補貼政策，取消禁止性補貼。中國加入世界貿易組織以來在取消禁止性補貼方面取得了一定成績，但是尚存少數有違 WTO 的補貼政策。為避免國際貿易糾紛，中國應盡快修改類似規定；規範可訴補貼的使用範圍。可訴補貼的使用必須滿足「不對其他成員方的利益造成不利后果」的條件，對其使用應注意控製在 WTO 允許的幅度內。

總之，面對嚴峻的貿易摩擦形勢，中國政府和企業一方面積極應訴，在世貿組織框架下，捍衛本國農業產業的合法權益；另一方面也應主動出擊，拿起貿易救濟的武器，在符合國際慣例的前提下，保護本國相關產業及企業的合法利益。

第四章　反傾銷措施及其應對策略

近幾十年來，中國的經濟水平和出口貿易額獲得了飛速的增長。隨著中國商品出口貿易量的增加和在世界出口榜上排名的上升，對中國發起反傾銷調查的國家也越來越多，涉及反傾銷案件的數量及數額都出現逐步擴大，中國已被一些發達國家列為反傾銷的頭號目標。針對中國出口企業和出口產品的反傾銷調查案件接連不斷。據統計，1999 年至 2006 年上半年，僅歐美等國家就對中國出口產品發起反傾銷調查 53 起，涉及中國出口商品金額 15 億元，2000—2006 年反傾銷調查次數達到 431 次。各國對我出口產品的反傾銷力度已構成了對中國經貿發展的實質性障礙，中國成了世界反傾銷浪潮的最大受害者。

近二十年來，西方發達國家由於各方面因素導致經濟發展速度相對緩慢，貿易逆差增大，這些現實狀況促使國際貿易保護主義再次抬頭。部分發達國家為了保護國內主導產業不受外來產品侵襲，或者扶持搖搖欲墜的夕陽產業，或者部分發展中國家為保護其民族工業……種種因素，使得反傾銷成了「各國用來保護自己的一個槓桿」。另外，部分國家在反傾銷調查過程中，堅持無視中國改革開放的事實，不願承認中國客觀上已初步建立了市場經濟並運作多年且已經取得了一定成效的現實，在不公平不公正的情況下將其反傾銷有關法律條款強加於中國，在確定是否構成傾銷事即時，適用所謂的「類比國」或「替代國」制度，選用一些經濟發展水平遠遠高於中國的國家來作為替代國，這樣，中國的產品價格顯然低於經濟發達勞動力價格相對較高的國家，由此被不公平地認定為傾銷。再者，由於中國企業價格體系和外貿體制的改革，企業在出口及出口定價方面掌握了主動權，有關管理部門及出口商會和協會的出口管理和協調工作，沒有跟上外貿出口迅速發展的步伐，在某些勞動密集的企業，為了爭取國際市場上的優勢，競相壓價以致出口產品以遠低於進口國同類價格產品的價格銷售。不僅發達國家和地區，發展中國家也躋身對中國反傾銷調查，最終採取反傾銷措施比例較高，徵收關稅也較高，對中國經濟貿易的影響難以估計。

第一節　傾銷與反傾銷的內涵及界定

一、傾銷與反傾銷的內涵

傾銷是一種非公平競爭行為，其后果往往給進口國的經濟或生產者的利益造成損害。在《SCM 協議》中，對傾銷的定義是:「如一產品自一國出口至另一國的出口價格低於在正常貿易過程中出口國供消費的同類產品的可比價格，即以低於正常價值的價格進入另一國的商業，則該產品被視為傾銷。」中國過去是計劃經濟體制國家，外匯儲備嚴重不足。政府為了獎勵出口，會對出口產品生產者進行補貼。而生產者出於各種原因，或者為了獲得政府出口補貼，或者以低價產品占領國外市場，擴大市場份額，這時就會獲得在另一國市場的競爭優勢並進而消滅競爭對手，再提高價格以獲取壟斷高額利潤。這種類似掠奪性的傾銷更會擾亂進口方的市場經濟秩序，給進口國經濟帶來毀滅性打擊，因此為各國所深惡痛絕。

反傾銷是進口國當局為了保護其國內產業，對來自國外的傾銷商品採取的貿易壁壘，以提高傾銷商品在進口國國內市場的售價或減少進口數量，減少對國內相關行業的打擊或影響。雖然傾銷的產品在價格上能給消費者帶來短期利益，但其對進口國相關行業的生產和貿易造成不穩定，所形成的危害遠遠超過廉價進口品帶來的好處。政府為了扶持國內的弱小產業或者保護支柱產業而對外來傾銷產品徵收反傾銷稅等措施，通過這些手段使其進口價格與國際市場相對持平，以保護自己國內的產業。中國是目前世界上被提起反傾銷訴訟最多的國家，相關國內組織對出口企業的管理力度卻並不到位，制度也不成熟，出口秩序混亂，出口生產廠商競相壓價，其結果是反被國外施加反傾銷措施，甚至被縮小配額，嚴重的甚至失去市場。現行的 WTO 反傾銷守則全稱為《執行 GATT1994 第六條的協議》，通稱《反傾銷守則》。

二、各國反傾銷界定及差異分析

根據 WTO《反傾銷協議》及各國反傾銷法對反傾銷界定相關條款規定，進口國在對進口產品徵收反傾銷稅時，必須證明是由於進口產品的傾銷而對國內相關產業造成了損害，即進口國除了要證明進口產品存在傾銷的客觀事實，並且對國內相關產業導致了損害，且這種損害不可忽略以外，還必須證明國內相關產業的損害是由於進口產品的傾銷造成的。即證明傾銷產品與國內相關產業的損害之間存在因果關係。如果不能證明損害是由傾銷造成的，即傾銷與損害之間不存在因果關係，就不能對傾銷產品徵收反傾銷稅。因此，實施反傾銷的一個基本條件就是傾銷與損害之間必須存在因果關係。目前，世界各國反傾銷法大都對如何確定傾銷與損害之間的因果關係做出了原則性規定。

從國際反傾銷立法和實踐的歷史看，確定因果關係的方法主要有兩類：一是「主要原因法」，一是「原因之一法」。「主要原因法」意即指主要由於出口產品的傾銷導致了進口國相關產業遭受到損害，在這種情況下傾銷與損害之間的因果關係才能成立，進口國才能對被控傾銷產品徵收反傾銷稅；而「原因之一法」意即只要出口傾銷是導致損害國內相關產業損害的原因之一，則傾銷與損害之間的因果關係即可成立，進口國就可以對傾銷產品徵收反傾銷稅。顯而易見，「原因之一法」要比「主要原因法」要嚴苛得多，對反傾銷國家的指控也更容易。

1948 年《關稅和貿易總協定》第 6 條對反傾銷做出了基本規定，這為各國制定反傾銷法設定了一個基本框架。但遺憾的是，它只是一個原則性的規定，並未涉及很多具體問題從而造成各國反傾銷立法和實踐存在很大差異。第二次世界大戰后，隨著世界各國經濟的復甦和發展，國際貿易地位新格局的形成，各國應用的反傾銷法彼此之間的不協調甚至衝突現象日益明顯。1967 年，達成了第一個《反傾銷守則》，它採用的較為公平的因果關係確定標準，即前面提到的「主要原因法」標準。其中明確規定，進口國當局在做出關於產品出口的決定前，有關當局必須證明傾銷商品是實質損害的主要原因，才能對進口產品徵收反傾銷稅。次年該守則生效后，歐共體、加拿大及日本等都據此對其反傾銷法做了修改。比如，首部統一適用於歐共體的反傾銷法——《1968 年 459/68 號理事會條例》，就採納了「主要原因法」標準，要求傾銷必須是導致損害的主要原因，才能對被控傾銷產品採取反傾銷措施。但美國國會認為該守則與其國內法不符，關於「主要原因」的規定過於嚴格，在實踐中有縱容傾銷的嫌疑，故而拒絕承認它在美國實施的優先效力。

美國國會和國際貿易委員會后來還特地對因果關係標準問題做出瞭解釋，認為只需要證明傾銷的進口產品是造成損害的一個原因就可以了，而不需要證明傾銷的進口產品是造成損害的主要原因。顯然美國堅持的是「原因之一法」標準。

1979 年的《反傾銷守則》最終引入了「原因之一法」標準。對「主要原因法」標準的放棄無疑也意味著各國手中多了對反傾銷的自由裁決權。歐盟也隨之進行了改動，採納了「原因之一法」標準。這為某些國家濫用反傾銷措施進行貿易保護提供了可乘之機。

中國採用的是「主要原因法」標準，並在實踐上基本遵循了 WTO《反傾銷協議》的因果關係確定原則，在每個反傾銷案件的裁決中都對因果關係問題進行了分析並做出了明確規定。2001 年中國頒布的《中華人民共和國反傾銷條例》對因果關係做了原則性規定，即若進口產品採用傾銷方式並由此對國內相關產業造成損害的，將對其採取反傾銷措施，但並沒有就如何確定因果關係，所應遵循的原則有哪些做出明確規定。

從「主要原因法」標準到「原因之一法」標準的轉變，從側面反應了貿易自由政策和貿易保護政策鬥爭中力量對比的變化，體現了不同的國際貿易政策取向。因果關係聯繫程度越緊密，反傾銷立案的標準就越高，濫用反傾銷權力和機會的可能性就越小，貿易自由化程度也就越高，貿易壁壘的可能性就減少；因果關係聯繫程度越松弛，反傾銷立案的機會就越多，貿易自由化程度相對越低，就越有利於進口國對本國產品的貿易保護。

事實上，「主要原因法」標準才是一種真正公平合理的標準，更符合 WTO 的宗旨。前面講過，由於「原因之一法」標準實質上使得傾銷與損害因果關係更容易成立，無形中增加了反傾銷確立的權力。雖然在具體確定因果關係時，WTO 和各國在確定反傾銷中因果關係的證據的規定基本一致，都採取了從肯定性和否定性兩個方面來搜集證據進行論證因果關係存在與否的方法，但在不同的因果關係確定標準的指導下，各國有關當局可以有選擇地使用有關證據，可以充分利用享有的自由裁量權，做出有利於本國但有失公平的裁決，導致濫用反傾銷措施進行貿易保護的發生。因此說，反傾銷法已不是用來創造公平競爭環境，也無法最終保護公平競爭，反而經常懲罰與不正當競爭無關的正常的商業實踐。

《中華人民共和國反傾銷條例》雖未明確「主要原因法」標準，但在實踐上傾向於「主要原因法」標準，對確定因果關係的證據的規定也是原則性的，這不利於中國充分運用反傾銷這一多邊貿易體制所認可的保護產業工具。因此，國家有必要考慮對現行《中華人民共和國反傾銷條例》進行修改，或制定正式的條款更細的反傾銷法，以對傾銷與損害的因果關係做出明確而詳細的規定。

第二節　中國面臨的反傾銷指控、原因及思考

一、近年來對華反傾銷指控與反傾銷措施特徵分析

隨著中國對外貿易的迅速發展，世界各主要貿易組織針對中國採取的反傾銷措施正變得更加頻繁。2000—2003 年，年均 295 件，2005 年一年就有數次大型反傾銷指控發生，給中國企業造成了巨大的損失。2006 年下半年，19 個 WTO 成員新增對外反傾銷調查案件 103 起，而 2005 年同期反傾銷調查案件數為 96 起。中國也因此遭受了重大損失，如歐盟對華 DVD 光盤反傾銷調查，巴基斯坦對我脲醛模塑料開徵反傾銷稅。中國塑料袋

遭歐盟反傾銷調查涉案金額逾 2.7 億歐元……隨著中國改革的不斷深入，國際貿易地位不斷提高，中國已成為世界上遭遇反傾銷最多的國家。

（一）反傾銷多集中在中國出口的拳頭產品上

1. 對華實施反傾銷的國家增多

在對中國產品提出反傾銷指控的國家和地區中，歐盟一直是「帶頭人」，中國遭遇的第一起反傾銷指控就源自歐盟。近年來，歐盟對外國和地區產品的反傾銷指控與日俱增。

2. 對象多集中在中國出口的「拳頭產品」上

歐盟對中國彩電、自行車、箱包、鞋類產品、熱軋平板鋼材與可鍛鑄鐵管配件等出口「拳頭產品」實施反傾銷措施。特別是對我出口彩電徵收高達 44.6% 的反傾銷稅，幾乎使中國彩電退出歐洲市場，而這一市場每年進口量為 1000 萬 ~ 1500 萬臺。出口市場日益萎縮，導致國內彩電企業大量生產的產品賣不出去，為拋售產品，在國內上演了一幕幕價格大戰。

3. 發起國家（地區）開始向發展中國家和地區延伸

近年來，歐盟、美國等發達國家對中國提起反傾銷指控日益嚴重的同時，俄羅斯、印度尼西亞、阿根廷等發展中國家和地區也加入到對中國反傾銷指控的隊伍中來。對中國大到機電、化工等附加值高的產品，紡織品、服裝、玩具等大宗產品，小到餐具、菸花、掛鎖、紙牌等低附加值的產品，使中國對外貿易受到嚴重影響。

4. 反傾銷成為跨國公司產品衝擊全球的重要砝碼

從比較優勢理論來說，發展中國家較發達國家而言具有低勞動力成本的比較優勢，因此在開放經濟條件下，前者以其比較優勢的勞動密集型產品與后者比較優勢的技術和資本密集型產品進行市場交換，雙方各取所長。由於貿易條件、市場依存度和非價格競爭因素等條件的限制，一般情況下，發展中國家往往處於不利地位。但是從實際情況看，由於勞動力轉移和資本沉澱和等機會成本的存在，一些發達國家的跨國公司不願退出勞動密集型產品生產，或者盡可能地延長退出時間。這樣，在產業結構完成升級之前，需要政府提供某種程度上的貿易保護。中國出口產品價低、量大、廠商分散的特點，就很容易成為國外反傾銷指控的目標。

（二）反傾銷涉案金額日趨增大

在20世紀80年代外國對華反傾銷案件中，沒有一件涉案金額超過1億美元，涉案金額超過1000萬美元也不足10件。進入20世紀90年代以來，涉案金額日趨增大，超過1億美元金額的案件已達15起。如美國1994年從一個小小的大蒜案開始，相繼對中國出口美國的蜂蜜、自行車、蘑菇罐頭、靛藍等提起反傾銷訴訟，直接影響中國對美出口額高達3億美元。

（三）所涉及產品範圍趨大

中國出口的金屬（例如：鋼鐵）及其製品、化工產品遭受的反傾銷最多，均超過案件總數的1/5，其次是機電產品、塑料製品、雜項製品、紡織品、陶瓷、玻璃等。而且國外反傾銷向中國優勢出口產品集中，同一出口產品在多個市場遭受反傾銷的現象屢見不鮮。在目前中國遭受的反傾銷案件中，有30多種勞動密集型、具有競爭力優勢的產品在多個國家頻繁遭受反傾銷，如自行車及其零部件、打火機、鞋等。

（四）反傾銷稅率高

由於各國在實際中常不採用統一標準對待所有出口同一商品的國家，故在對華反傾銷稅的確定上存在著較大的主觀性和隨意性，相比之下對中國產品往往徵收高額的反傾銷稅率，徵收幅度從百分之十幾到百分之幾百。面對如此高的稅率，許多企業不得不退出已經佔有的市場份額，有的甚至被徹底逐出原有市場。如中國自1983年美國商務部宣布對中國氯化鋇徵收反傾銷稅以來，至今中國幾乎再沒有向美國出口過氯化鋇。又如，對歐盟出口的自行車被徵34%的反傾銷稅，其理由帶有「明顯增長出口傾向」，使中國出口商品無法立足，不得不退出歐盟市場。據統計顯示，1979—2005年，僅歐盟對華反傾銷就直接或間接地影響了中國約19%的出口額，損失金額在50億美元以上。

(五) 反傾銷的隨意性和非透明性在增長

國際反傾銷規則本身存在的一些漏洞和一系列不合理規定使得進口國反傾銷主管機構自由裁量權過大，反傾銷裁定的傾銷幅度過高，勝訴率過大，進而刺激和助長了反傾銷的濫用。根據美國國家經濟研究局的一份報告，美國商務部根據「基於可獲得的事實」和「非市場經濟調查程序」的規定所作出的自由裁量行為是導致被訴企業傾銷幅度上升的兩大主要原因，「中國威脅論」也在各國官員加入的大合唱中愈唱愈響，義大利經濟部長朱里奧·特雷蒙甚至呼籲歐盟抵抗來自亞洲甚至是中國的「廉價商品」。

二、反傾銷指控原因

經濟全球化的趨勢使得國與國、企業與企業之間的競爭變得更加殘酷，為了保護本國利益，一些國家近年來動輒運用反傾銷措施，致使全球反傾銷案件數量急遽上升，而又以針對中國企業的居多。中國企業頻繁地被當做反傾銷調查的對象，究其原因，大致如下：

(一) 低價傾銷的客觀事實成為反傾銷訴訟的「把柄」

中國經濟取得了迅速發展，但盲目跟風現象廣泛存在，從而導致了大量重複建設的市場行為。企業為了生存在其國內和出口的銷售策略上競相採取低價傾銷策略。因此，國外對中國出口產品的反傾銷調查在一定程度上也並非空穴來風。在出口價格上，香港某刊物對中國160種出口產品的調查中發現，有120種商品價格比應有的價格低20%。由此可見以低於正常價格向外國銷售中國產品的現象的確在一定的範圍內存在。與此同時也有不少數據顯示，中國部分出口商的低價銷售的確給進口國的國內同類產品工業造成了實質性損害。

（二）中國出口秩序不規範，為國外對華反傾銷提供了借口

長期以來，中國出口的大宗出口商品多是勞動密集型或技術含量低的產品，產品附加值小，受短期利益的驅動，不少企業工作重點常常不是放在如何加快新產品開發以及提高產品質量和服務上，而是採用競相降價的方法，以低價搶占國際市場，擾亂了正常的外貿出口秩序。

此外，中國在相當長的一段時期內片面強調出口創匯，各專業進出口公司及其他外貿企業為完成國家下達的創匯指標，不得不千方百計擴大出口。經營進出口業務的企業急遽增加，國家宏觀管理措施不配套，因而出現了哪個出口商品成本低、經濟效益好，各企業就一哄而上的局面，導致多頭對外、低價競銷，不但導致肥水外流，利潤損失，而且為國外對華反傾銷提供了借口。

（三）出口產品技術含量低，價格低廉甚至粗制濫造

出口行業管理缺乏整體規劃和協調，經濟結構不合理。中國主要出口工業產品和勞動密集型產品，附加值相對偏低。我們所出口的中、低檔產品恰恰又是歐盟成員國中一些所謂窮國生產的產品，如輕工產品、金屬化工產品等，自然致使中國的產品在歐盟市場上受到排擠。雖然國外對中國產品反傾銷有其實行貿易保護主義、採取貿易歧視的一面，但也應看到，中國外貿體制中的許多不規範行為也是導致反傾銷的原因之一。

（四）市場經濟地位的歧視性待遇

雖然中國已經加入WTO，但根據世貿組織的規定，在中國

加入世貿組織后的15年內，世貿組織其他成員有權不承認中國的市場經濟地位。有了這條規定，國外某些企業在與「中國製造」的競爭中，一旦處於下風，便將反傾銷大棒肆無忌憚地亂舞。

（五）中國經濟體制的特殊性和企業運行模式下國家控製對市場運作模式的影響問題

1993年，中國憲法修正案明文規定要實行社會主義市場經濟。當然，我們要實行的不是西方的市場經濟，而是有中國特色的社會主義市場經濟，這和西方的市場經濟是有一定差異的。近20年來，雖然中國在邁向市場經濟的過程中採取了許多改革措施，而由於歐、美各國的法律或者一般都有對市場經濟體制和非市場經濟體制的區別標準，如一國貨幣的自由兌換程度；勞資自由談判工資的程度；國家對生產資料、資源配置和所有制的控製程度等。鑒於中國現行經濟運行機制中的較多的經濟運行主體屬於國有或由國家控股，由此而反應出來的國家通過其所有權和調控權來直接管理或者干預企業經營的狀況亦較為普遍和明顯。此外，資本項目項下的外匯仍處於管制狀態，一些壟斷性行業的限制進入等，反應了現行經濟運行模式和一般市場經濟模式之間的差異，也影響了各國對中國經濟體制的運行方式主要是通過市場來配置資源、生產資料、勞動力和資金的客觀評價。

（六）經濟利益紛爭使然

隨著中國經濟規模的不斷增強，從2001年的進出口總額已達5000多億美元以來，強大的市場觸角已然延伸到國外，並占領了部分有利市場，繼而觸動了一些企業既得利益的軟肋，招致競爭對手頻下「黑手」也就不足為奇了。特別是在中國加入世貿組織后，中國紡織品在世界市場上的份額迅速擴大，在別人已經占領的市場上尋找商機，必然會引發衝突。

（七）反傾銷預警機制的欠缺

中國產品以其低成本和大規模的生產能力，在世界市場上銷路較暢，再加之國內某些企業在出口國外市場時頻頻使用壓低產品價格等惡性競爭手段，靠「薄利多銷」的方式賺取利潤，不僅嚴重衝擊了國內的同類產業，同時也損害了本國企業的利益和形象。大多國內企業一進入國外市場，考慮更多的是如何以最快的速度賺取外匯，而對本企業產品在該市場的長遠發展考慮欠周，對所在市場關乎企業的「風吹草動」反應遲鈍。國外針對中國企業某產品進行反傾銷的指控，一般來說都可從該國的媒體上看出一些蛛絲馬跡，企業的駐外機構如果嗅覺靈敏，就可以及時通知國內企業採取放慢出口速度、提高出口價格等措施加以防範，盡可能降低被指控的風險。

（八）中國企業應訴不積極，自我保護意識不強

由於企業對抗的是進口國官方機構，裁決機構也屬進口國行政機關，中國企業自覺勝算不大，加上訴訟費用較高。因此在相當長的時間裡，中國企業應訴的積極性不高，有的甚至根本不予應訴。有關國家長期以來在反傾銷裁定中採用「替代國」等歧視性做法，也使企業的應訴積極性受到嚴重挫傷；相當多的企業經濟實力有限，難以承擔較高的應訴費用，同時缺乏反傾銷應訴的專業人才。

企業不應訴或應訴不力給中國的外貿出口造成嚴重后果，如：國外反傾銷管理機構依據申訴方企業提供的材料和「證據」，作出對中國最為不利的裁決，使對方不戰而勝，使中國企業的產品在國外市場極易遭到反傾銷指控等。如今，儘管對反傾銷的抵制已見起色或者說大為改觀，但這也僅僅局限於一批領頭企業。再者，中國企業的反傾銷應訴能力與國際相比還有非常大的差距。例如，中國企業的應訴文件內容基本都是國外律師準備的，可見中國目前還極為缺乏這方面的人才。

外國之所以對華發動大規模反傾銷浪潮，是內因和外因共同作用的結果。在外因上，主要起因於反傾銷作為貿易保護措施在國際上日益被強化，以及外國對華實施歧視性政策；在內因上，與中國出口秩序不規範、企業應訴積極性低等因素密切相關。

三、反傾銷給中國帶來的影響

反傾銷指控一旦發生就很容易被裁定徵收極高的反傾銷稅率。其具體影響如下：

（一）反傾銷對中國產品出口開拓國際市場有嚴重影響

由於反傾銷的影響，從單個出口上來看，其出口產品將被徵收高額關稅，從而增加經營成本，由於利潤減少企業必然減少該商品出口量，嚴重的不得不採取放棄國外市場等銷售措施來適應新的關稅政策。從外國進口商的角度看，出於經營風險的考慮也會相應的減少甚至放棄從中國進口，也就必然使得中國的對外貿易額下降，對中國產品出口國際市場產生負面影響。從長期的影響看，將使中國的外匯收入減少，從而影響中國的國際收支平衡。

（二）存積的出口產品衝擊國內市場

企業遭受國外的反傾銷，大量的出口受阻，其銷售也將轉向國內市場，這將會導致國內市場飽和，增加國內市場競爭，破壞已形成的銷售平衡和市場經營秩序，產業結構與價格體系也將受到嚴重威脅。

（三）助長反傾銷訴訟形成不良影響

一旦對某產品成功實施了反傾銷，投訴方獲得了利益，會導致和傾銷產品相關的原材料、半成品等下游產業以及相關產業的進口國企業也採取反傾銷手段，來獲得相同的好處。與此同時，其他地區與國家的同行業也會在可能的情況下也會提出反傾銷。這樣將會給被實施反傾銷的行業以及相關的國內產業帶來毀滅性打擊，導致惡性循環。

（四）影響中國外商國外投資環境

「三資企業」在中國高新技術產品進出口中占主導地位，占近 85% 的比例，其中外商獨資企業的比重在不斷提升。由於反傾銷的實施，受影響最大的也將是「三資企業」，由於盈利與對外銷售受損，外商因此而對中國的投資環境會有所顧慮。

四、對反傾銷指控的相關思考

（一）建立健全預警機制

加強與有關產業部門的協調與配合，引導企業顧全大局，樹立長遠意識，有序競爭。出口企業應自覺遵守國家有關外貿法規，抵制低價競銷。作為政府部門有責任加強對外宣傳工作，讓世界瞭解中國的市場經濟、改革開放和經濟發展等情況，以減少歧視和誤解。各行業協會、主管部門應盡快建立對重要產品的出口數量、出口價格、出口國別和地區的監測系統，控製產品的出口，對價格偏低容易引起反傾銷的商品，運用核定出口配額和進行配額有償招標等辦法，控製產品的出口價格和數量。

從根本上講，還應加快企業集團化經營建設，通過以規模大型化、功能綜合化、經營集中化、資本股份化、管理科學化促進企業集團化建設，通過生產要素的最佳組合，實現合理專業化分工與協作，達到成本最小化，利潤最大化的目的。同時，應該打破各自割據、各自為戰的局面，從而使價格趨於一致，實現統一對外。

（二）實施市場多元化戰略

中國現有出口市場結構不盡合理，出口貿易大部分集中在歐盟、美國、日本等少數發達國家市場，而這些國家又是反傾銷措施最嚴厲、對中國實施反傾銷最多的國家。中國應加快開拓亞非拉市場，實施市場多元化戰略。出口企業要研究國際市場動向和容量，制訂出口計劃，防止市場過於集中；也要注意瞭解某些國家的產業政策動向，要根據進口國的實際情況，策略性地調整出口產品結構。

在開發歐盟市場時，應該沿著中國出口商品的現有水平向高位推進，依照歐盟的主要成員國收入水平與消費水平較高的特點，瞄準歐盟市場中最有吸引力的高消費和高盈利領域，提高對歐出口產品檔次。

（三）認真研究反傾銷法

從法律意義上講，反傾銷是一種較規範的行政調查機制，我們應認真研究進口國的反傾銷法規。中國對外經濟貿易合作部已成立了公平貿易局，負責反傾銷應訴工作，通過多種媒介，向企業介紹反傾銷方面的知識，介紹中國企業應訴方面的經驗及教訓，指導企業隨時調整出口產品的價格和數量，以減少被反傾銷調查。

另外，應充分利用世界貿易組織中的關於反傾銷的法律規定，要求進口國取消對中國的貿易歧視，減少歧視性的反傾銷，加大其隨意對中國反傾銷的難度。

（四）不斷追求技術創新，擁有自己的知識產權

民營企業要做大、做強，首要的就是通過技術創新積極開發附加值高的高端產品，積極開拓新的市場。這也是規避反傾銷起訴最有效的策略。如，飛躍集團自 1986 年建立以來，一直致力於拓展國際市場，時刻追蹤國際最先進的標準組織生產，產品出口 100 多個國家和地區。作為中國最大的工業縫紉機出口企業，該公司幾乎從未在快速擴張中遭遇到來自國外的各類貿易壁壘。

另外，民營企業在擁有知識產權的基礎上，還應該懂得利

用國內、國際的合同法、知識產權保護法來保障自己的利益。

第三節　中國企業面對反傾銷指控的對策

一、企業應以積極的態度應對反傾銷指控

（一）企業要真正融入國際市場

企業真正地融入國際市場，是化解反傾銷、破解貿易壁壘的一方良藥。對於民營企業，在面對接踵而至的貿易壁壘時，必須在冷靜中分析，在充足的準備下反擊，大膽融入國際大市場，在知己知彼中規避風險和破解壁壘。中國民營出口企業應多發展出口對象，增加出口國，聯合國內乃至國際大公司，走國際化競爭與合作的道路。

這裡提到中國TCL集團收購德國施耐德的案例供參考。在彩電重返歐盟一案中，歐盟給予中國彩電企業的40萬臺配額中，除了嚴格的尺寸限制，對經銷商供貨價也作了限定，要求中國企業生產的彩電價格至少不應比歐洲本土的廠家低。這顯然讓國內彩電巨頭們食不果腹。TCL對歐盟市場關注已久，遭受反傾銷調查期間，包括總裁李東生在內的高層曾數度到歐盟嘗試切入途徑，以求另外的渠道全力進入歐盟市場。在TCL全面收購了宣布破產的德國百年企業施耐德電器有限公司，並全面接管並融入了施耐德在歐洲的市場后，TCL便借此巧妙地繞開歐盟包括反傾銷等措施在內的種種壁壘，直接在歐盟市場站穩了腳跟。

（二）做好反傾銷應訴工作

由於在國外打官司，按照國外的法律規定，由國外行政部門審理，很難勝訴，因此國外投訴中國傾銷的案件發生之后，

很多出口企業應訴不積極。另外，應訴反傾銷費用支出很大，因此部分企業認為不如轉移出口市場。因此，許多出口企業不願應訴。但殊不知企業若不應訴，長久來看其危害更大，如果中國出口產品在一個國家被裁定為商品傾銷，而對其徵收反傾銷稅，就會產生多米諾骨牌式的連鎖反應，其他國家也會對中國出口產品相繼徵收反傾銷稅。

這裡介紹一個關於福耀玻璃的案例。作為一家上市公司，福耀玻璃最近幾年聲名顯赫，其中一個原因就是該公司在應訴美國反傾銷方面的出色表現。2001 年初，美國汽車玻璃企業對中國產品提起反傾銷調查申請，雖然福耀玻璃全力應訴，但是這場官司仍然以敗訴告終。經過一年多的審理，福耀被終裁確定的傾銷幅度高達 11.8%。福耀玻璃也選擇了將官司繼續進行下去的做法。2002 年 11 月，福耀的上訴狀遞交美國國際貿易法院。在繼續為自己討回公道的同時，福耀有感於中國企業應訴外國反傾銷調查時暴露出來的種種問題，出資與中國對外經貿大學中國 WTO 研究院合作，成立了福耀反傾銷研究中心。其目的就是培養熟悉世貿組織規則和國際經濟貿易的各類專門人才，研究貿易壁壘，幫助中國出口企業以合法手段保護自己的權益。2003 年 12 月，福耀在美國的上訴終於有了結果。美國國際貿易法院對福耀上訴案做出裁決，福耀上訴書上 9 項主張中的 8 項被法官認可。法院發出命令書，將該案退回美國商務部，指令美國商務部啟動重審程序。2004 年 5 月 7 日，美國商務部公布了該案重審的初裁結果，福耀玻璃出口至美國的汽車擋風玻璃 2001 年 9 月至 2003 年 3 月期間的傾銷率由原 11.80% 降低至 0.13%（小於 0.5% 視同為零傾銷稅率），福耀公司取得了最終的勝利。據悉，福耀在應對國外反傾銷調查已經付出了高達 3000 萬元人民幣的成本。福耀不僅付出了足夠的成本，公司還積極探索與美國起訴方 PPG 公司的合作以及與對外經貿大學合作成立反傾銷研究中心，表現出了精明的應訴技巧和很高的社會責任感。

二、企業應訴反傾銷指控的策略方法

（一）聘請有經驗的律師並迅速組織抗辯小組

一旦歐盟向我出口商品提起反傾銷訴訟，我方應迅速組成反傾銷應訴小組，並聘請精通國際反傾銷慣例和國外反傾銷立法的律師，並與之密切配合，這是勝訴的前提。處理國外部分工作時，一定要聘請有經驗且對我方友好的當地律師進行申辯和負責處理案件。值得注意的是，在聘請外國律師的同時，要注意發揮本國律師的作用。因為反傾銷案中絕大部分工作是準備問卷和抗辯，這項工作宜聘請國內律師來做，由中外律師共同來處理反傾銷應訴工作。這樣既可以做到取長補短，也有利於中國律師對應訴程序盡快熟悉，為相關人才儲備提供條件和機會。

（二）適時作出適當的價格承諾

歐盟反傾銷規則規定，出口商如今后承諾最低出口限價，歐委會可以終止反傾銷程序，這是歐盟反傾銷法的一個顯著特徵。當然歐盟要求提價的幅度能夠抵消該商品在歐盟市場的傾銷幅度或損害幅度。

事實證明，適當的價格承諾不僅可以免徵反傾銷稅，而且可以提高出口單價、增加創匯。目前，中國相當部分反傾銷案是通過價格承諾的方式結案的。當然承諾過高價格，使我產品失去競爭力，被迫退出市場的例子也有，這裡就要注意把握好「度」。

如何爭取適當的價格承諾，這只能建立在前一段反傾銷應訴工作的基礎上。因此，企業應注意先抗辯，后承諾，才能將傾銷幅度降至最低極限。而且如果勝訴，則無須承擔提價責任。

如果不抗辯就提出價格承諾，無異於承認了傾銷事實。如1991年在T/C紗一案中，我方先是積極應訴，使傾銷幅度由40.2%降至23.4%，並積極進行了關於損害事實不足的抗辯，在取得了許多進展后，才提出15%的價格承諾。

（三）力爭符合歐盟相關標準

在確定中國出口商品正常價格時，應力爭使用中國出口商品價格而不使用第三替代國價格。選用替代國的前提條件是非市場經濟，一旦使用替代國，應訴公司提交的材料大部分將不被採用，結果對我十分不利。儘管歐委會已將中國從「非市場經濟國家」名單中除去。但是，這並不完全等同於對中國出口商品採用完全等同於市場經濟國家確立的「正常價值」標準。在使用時還需中國企業提出申請，並提供充分資料證明符合歐委會「關於以前市場經濟國家在反傾銷訴訟中確定是否應該使用國內價格和成本的5條標準」及「對涉案企業使用分別稅率的8條標準」的規定。否則，即對涉案商品採用第三替代國價格對涉案企業採用分別稅率徵稅。

而一旦不符合該標準，不能做到不使用替代國時，我方應積極主動提出建議，選擇一個經濟發展水平與中國相當的市場經濟國家作為替代國，這是反傾銷能否勝訴的關鍵所在。

由於企業的大多數股份屬於私營公司，在理事會和公司核心管理層內沒有政府官員。在提供符合「對涉案出口企業採用分別稅率的標準」證明時，如果該公司是由外國投資者控製的，這將有助於證明其獨立性。公司建築設施所占用的土地是比照市場經濟國家的標準從國家租得或買得的，公司有權雇傭或解雇員工，並決定其工資水平，並對原材料供應和投入應有全面控製權。按照適當合同條款，保證向企業提供公用事業服務，利潤的匯出和撤回投資的權利應得到保證；自由決定出口價格等。應保證企業能自由地進行商業活動，特別要證明應訴企業的國內銷售沒有受到限制。除非按照正當的合同條款，不能取消企業經營權企業可按照出口市場的需求自由決定用於出口的生產數量。

三、企業如何通過自身改善減少反傾銷指控

從長遠來看，中國應進一步深化外貿體制改革，面對外國對華實施的大規模反傾銷活動，本著以「質優取勝」的方針，大力發展高技術、高附加值的技術密集型產品出口，改善中國出口商品結構和國際形象，實現外貿增長向集約化方式轉變。在近期，企業應直面反傾銷，積極應訴，切實維護國家和企業的根本利益。

（一）企業要注重加強與進口商之間的合作

加強同國外進口商的合作，是中國企業獲得勝訴的至關重要因素之一。在反傾銷應訴中，進口商的作用表現在其國內反傾銷應訴中提供有利於我方的證據；說服其國內的廣大產品用戶向反傾銷主管機構施加壓力；協助尋找相對低的替代國價格等。在面對反傾銷投訴時，進口商意識到一旦傾銷幅度上升，他們將直接承擔高額的經濟損失，因此應訴的積極性非常高，甚至願意分擔一部分應訴的律師費用。中國企業應充分借助國外進口商的積極性和主動性，相互支持，相互配合，不僅增加了勝訴的機會，而且會進一步密切雙方之間固有的合作關係，增強應訴企業出口競爭優勢。

（二）企業要增強反傾銷的意識

外國對華反傾銷的實質是想通過限制或排除中國產品的進口，達到削弱中國產品競爭力、保護自身利益的目的。政府和企業領導者應消除恐懼或消極情緒，激發企業積極應訴的積極性。近年來中國反傾銷勝訴率不斷提高的事實也表明，儘管外國在對華反傾銷上採取一系列歧視性政策，但只要中國企業積

極參與應訴，提供翔實可靠的證據，努力抗辯，維護或拓展商品出口市場的機會還是很大的。據 WTO 統計，目前中國反傾銷應訴率已達到 2/3，其中涉及美國和歐盟的案件應訴已達到 100%，應訴成果也越來越好，中國出口產品反傾銷的絕對勝訴率（無稅結案）已上升到 35.7%。

（三）切實貫徹「誰應訴，誰受益」的原則

為鼓勵中國企業積極應訴，外經貿部明確規定了「誰應訴，誰受益」的原則。即在國外對中國產品裁定「統一稅率」，或應訴取得全勝時，參加應訴的企業有權繼續出口或獲得較多的出口數量份額，未參加應訴企業則不能繼續出口或限制其出口數量。但在實際執行中，由於此項原則存在著落實不夠、貫徹不力等問題，沒有產生明顯的效果。因此，建議有關主管部門制定較為翔實的實施辦法，並會同各商會加強監督，對應訴不力者加大處罰力度，直至取消其生產經營許可權、外貿經營權等。

（四）應訴企業應團結一致，集體應戰

國外對我方展開的反傾銷調查是作為一個行政程序在實施，國外實施反傾銷調查的目的是限制該產品類別的「傾銷」行為。即若針對 A 企業起訴，A 企業被判定傾銷行為成立，那麼與 A 企業生產同類產品的 B、C、D 等企業將會「罪同連坐」，這四家企業生產的產品都將不能獲準進入該國市場。

由此可見，反傾銷針對的是一類產品，而不是某個企業。因此涉案企業最忌諱的就是自動棄權，這就意味著放棄了市場，這正中起訴方的下懷。起訴國很重視應訴企業在產業中的代表性，因此應訴方應團結攜手應訴，不論是從實力還是縮減單個企業的訴訟費用等，往往都能收到良好的效果。

第四節　面對反傾銷指控下的政府職能思考

一、政府應強化協調與管理

面對各國依靠行政力量不斷築起的反傾銷壁壘，政府相關部門也應當更多地依靠行政的力量予以回應，為中國眾多的中小企業充當「保護傘」。筆者認為有以下幾點值得注意：

(一) 建立反貿易壁壘的政府反應機制

在任何國家對中國商品設置貿易壁壘時，應當做出迅速反應，採取應對措施。這不僅是政府的責任，也是公共管理者的義務。中國現已加入WTO，完全可以努力利用自己的世貿組織成員身分，徹底解決「替代國」問題。

作為世貿組織成員國，中國政府能夠給中國企業應對外國反傾銷提供最廣泛、最有效的保護。中國政府要舍得花大力氣與西方主要國家的政府進行頻繁的交涉活動，要努力適用世貿組織規則規定的反傾銷調查的方法和程序，克服西方發達國家對中國的「非市場經濟國家」的無理指責，徹底解決外國對中國企業的反傾銷、實行「替代國」的錯誤政策問題，保證中國經濟融入世界市場。

西方國家在對中國出口產品反傾銷上，實際上是從定義出發，而不是從實際出發，即先將中國歸入「非市場經濟國家」範圍，然后，再對中國實施「替代國」政策。而按照世貿組織規則，只有在世貿組織成員實際上「全部或大體上全部由國家壟斷貿易並由國家規定國內價格」，並且調查當局在確定與受調查產品的出口價格作比較時「存在特殊的困難」，這時調查當局才能對出口國的產品實施「替代國」政策。因此在這一點上，中國要勇於將「替代國」問題提交世貿組織爭端解決機構裁定，這是中國要在應對外國反傾銷中取得勝利的重要途徑。

（二）組織相關行業協會代理企業出面應訴

對於需要企業出面的反傾銷訴訟，政府有關部門應當組織相關行業協會，並代理所有企業出面完成訴訟活動。中國已經初步形成政府、駐外經商機構、企業、商會和行業協會協調工作的聯動機制，在該機制中，政府應繼續加強對企業應訴的指導，加大涉及重大原則問題的對外談判交涉力度，重點放在國外對中國產品不公平、不公正、歧視性的政策和調查行為上，通過完善可行、有效且符合世貿組織規則的激勵機制，進一步提高企業應訴的積極性。

由於個別企業幾乎不可能協調全行業的企業，也不可能公平地對待各方利益衝突。而政府和行業協會具有較為中立的地位，組織訴訟活動具有較強的公信力，也容易協調各方利益。近幾年的實踐證明，該機制對提高企業應訴的積極性、改變以往不利的應訴結果發揮了重要作用。

（三）承擔反傾銷訴訟的主要費用

一旦企業遭到反傾銷，政府負擔一部分訴訟費用，不但可以提高企業應訴積極性，而且若訴訟成功，從中節省或獲得的利益政府可以參與和企業按比例分配，這樣既可以促進政府對自身調控功能的重視，從國家大層面上降低反傾銷數量（額）或減輕損失，也可以促進對企業的管理扶持和宏觀調控。反傾銷壁壘貌似加在企業身上的成本，與國家無關，但反傾銷壁壘增加了企業的成本就減少了企業利潤，同時也減少了國家財政收入，因此反傾銷實質上是財富在不同國家間的再分配。

中國加入 WTO 之后，已親歷了多次貿易戰的考驗，但我們的「戰鬥經驗」顯然還不夠豐富，也還沒有建立一套有效的應對機制。要在將來的貿易戰中更加有效地保護自己、爭取勝利，不僅要提高企業的自我保護意識，更要發動政府力量，組織有關各方，讓我們在貿易戰中具有更高超的迎戰技巧和訓練有素的戰鬥隊伍，為中國企業提供更優越的發展環境。

（四）調整和優化出口商品結構

要充分發揮價值規律作用，使企業成為市場經濟真正的主體，獨立承擔風險，使產品價格與商品價值直接掛勾，建立起市場經濟的價格體系。另外，要盡量減少由國家定價的商品種類，以促進社會主義市場經濟價格體系的早日建立。這樣，即使中國企業出口商品遇到進口國廠商等的反傾銷投訴的情況，由於中國企業出口商品的價格主要是市場因素決定的，就有可能根據歐美反傾銷法的相關規定，爭取獲得涉案企業的單獨稅率甚至整個行業的市場經濟地位，從而使歐美等國反傾銷法規定中所謂替代國標準不再對我涉案企業適用。同時，中國應積極順應市場要求，改革產品結構，實施產品差別化戰略，提升產品附加值，避免企業在低附加值的產品中進行過度競爭。要求商務部、行業協會和出口商會及時發布出口商品的銷售狀況和渠道，瞭解中國出口商品對進口國同類產品的影響，積極幫助企業作好應訴工作。

（五）利用多邊爭端解決機制反擊歧視待遇

儘管中國加入 WTO 后並不會立即改變中國屢遭外國反傾銷投訴的現狀，但中國加入 WTO 后，中國一方面可以利用在多邊貿易體系中的發言權來維護中國的合法權益，另一方面利用 WTO 爭端解決機制挑戰這些歧視做法，盡早通過 WTO 這一多邊貿易體制來維護中國應得的正常待遇。並注意運用世貿組織「反傾銷規則」、爭端解決機制和對發展中國家的優惠待遇制度等三項具體規則來解決國際反傾銷爭端問題。按照「反傾銷規則」，如果進口國政府有明顯違背世貿組織反傾銷規則精神的行為，各國政府可向世貿組織反傾銷措施委員會起訴，以期得到公正解決。對於外國濫用反傾銷的行為，且對於傾銷爭議經充分磋商后未能達成解決方案的，中國政府可以將問題提交世貿組織爭端解決中心加以解決。而如果反傾銷稅影響到發展中國家的基本利益，則應在實施反傾銷稅前仔細研究本守則提供的建設性補救措施的可能性。中國是發展中國家，但只有中國政府出面，才能夠爭取享受到這些優惠政策。

二、政府要通過體制改革增強企業意識

歐美反傾銷法認為，在一個市場經濟國家，政府通常在資源分配和價格決定中起的作用極小。而私營企業受利潤驅動，根據市場供求關係的變化來制定其商業決策，因此私營企業的產品和生產成本，較能合理地反應經濟現實。對於中國出口企業來說，如能使外國行政當局對其市場經濟地位認可，就意味著中國出口產品的成本和價格有了被直接認可的可能，否則，涉案企業的生產成本和產品價格就不會被認可，而要以一個所謂市場經濟性質的第三國的類似產品的成本作為替代價格。而由於這種替代價格選擇具有很大的不確定性，因此會對中國出口企業造成實質的不公平和歧視。面對上述狀況，中國出口企業（包括國有企業）要通過自身的體制改革來促進企業理順其產權制度，並以此作為建立企業現代企業制度，有效地從機制上割斷企業和國家在產權上的連接關係，從而為進一步減少和取消國家對企業的直接管理和控製創立良好的客觀條件。

三、各行業協會要發展自身協調帶動作用

應訴反傾銷，商會的作用應得到足夠的重視，商會處於政府與企業之間，具有相對的獨立性和公正性，同時在相關法律程序、信息渠道、外聯經驗等方面有較強的優勢。

在很多發達國家，行業商會的作用甚至凌駕於政府之上。

中國政府與外國簽訂貿易協議后，中國相關企業進入該國市場，該國政府一路綠燈，但是，中國企業真正的談判對象往往是該國的行業商會。行業商會拿出一些條款、技術規範來約束企業行為，或者設置障礙，游戲規則掌握在行業商會手上，行業商會代表的正是該國行內企業最根本的利益。

中國的行業商會在發揮其應有作用方面與發達國家相比仍有一大段距離，仍需發揮行業商會和有關部門的協調作用，進行業內價格自律，避免惡性競爭，自相殘殺。通過行業商會逐步與主要國家反傾銷產業損害調查機構建立聯繫制度，加強對主要出口對象如美國、歐盟、澳大利亞等反傾銷法律制度的研究，特別加強對「非市場經濟」地位等問題的研究，總結應訴反傾銷的規律和經驗。

如在「打火機案」中，剛接到歐盟反傾銷立案的消息時，由於不懂國外貿易法律規則，缺乏應訴資金、精力和時間，眾多溫州打火機企業一時陷入驚慌，正是在行業協會的組織下，才很快統一了意見，開始積極應對。

四、構建反傾銷預警監控機制

中國政府已明確提出了建立預警機制的任務，預警機制是一個複雜體系，當前最簡便易行的就是加強政府網站建設，方便企業查詢，使企業能夠判斷本企業產品是否已受到國外產品傾銷侵害，有利於企業迅速提出反傾銷訴訟，同時，也有利於降低政府的反傾銷國外調查取證工作的難度。

構建預警監控體系，一方面要建立完善的反傾銷預警機制，主要是觀察對外貿易發展動態，使中國企業在外國提起反傾銷訴訟還處於萌芽狀態時，就能做好相應的準備，及時調整出口策略，或者快速組織應訴；另一方面，要設立重要出口商品價格監控體系，其目的是為打擊企業競相低價出口，規範出口市場秩序。根據國際市場價格變動幅度狀況，對價格偏低易引起反傾銷的敏感出口商品，應及時調整產品出口價格和數量，對惡意搞低價競銷的企業提出警告，並報請有關部門促使其限期整改或實施處罰。

美國、歐盟和印度等國均設立有相關預警機制，這些預警機制很好地防止了該國產業受到不正當競爭衝擊的威脅。中國已全面啓動重點行業進出口監測系統，初步建立了自己的「產業損害預警機制」，包括汽車及零部件、信息產品、鋼鐵、石化、農產品等重點行業的大宗產品。

對民營企業而言，亟須建立起自己的反傾銷預警機制，隨時準備在國內和國際兩個市場上應對反傾銷官司，建立企業或行業的反傾銷預警機制，維護自身的出口安全，同時積極實施反傾銷人才的儲備，培養一大批能應對 WTO 反傾銷爭端的人才。

面對外國對華頻繁的反傾銷訴訟，無論是對於國家，行業，還是企業，積極的應訴態度都很重要。由於反傾銷這個有效的貿易保護手段由於其特性與有效性，必然會在很長的一段時間內繼續存在。因此，我們在不斷作著反傾銷應訴鬥爭的時候，要注意累積經驗，相互協作，要從宏觀上進行制度改革。加強反傾銷訴訟應對機制要從企業自身角度出發，通過增強自身實力，建立有序合理的出口秩序，減少外國對中國反傾銷訴訟的機會和借口。面對國外持續高漲的對華反傾銷浪潮，我們要建立一個由政府、行業協會、仲介機構和企業團體構成的聯動機制，幫助企業在有效地適應 WTO 規則，由被動應訴向事前預警預防轉變。

案例　中國輪胎遭遇反傾銷案例分析

據商務部進出口公平貿易局及五礦商會消息，印度商工部反傾銷總局已經於 2005 年 12 月 30 日對原產於中國汽車輪胎提起反傾銷立案。印度輪胎行業生產商協會是代表印度最大的輪胎生產企業的組織。據資料：截至本案，印度已累計對華發起87起貿易救濟調查案件，其中反傾銷調查84起。

2005年4月，土耳其政府發布公告，對原產於中國的輪胎作出反傾銷初裁，決定從2005年3月10日起徵收臨時反傾銷稅，稅率為33%。這一舉動再次為中國敲響了輪胎出口遭遇反傾銷的「警鐘」。反傾銷行為極易引起仿效。2005年8月20日，土耳其外貿署對原產於中國的輪胎反傾銷案作出終裁，認定中國出口的涉案產品存在傾銷，並對土耳其國內產業造成損害，終裁決定從即日起，對原產於中國的輪胎按不同稅號分別徵收60%或87%的反傾銷稅。2005年10月28日，南非國際貿易管理委員會發布公告，對原產於中國的輪胎進行反傾銷立案調查。南非國際貿易管理委員會認為，原產於中國的輪胎在南非國內市場上低價傾銷，給南非國內相關產業造成實質性損害。2005年12月23日，墨西哥調查機關決定對原產於中國的旅行小客車和輕型卡車輪胎進行反傾銷調查。

2005年12月31日，中國輪胎行業應訴南非反傾銷調查的案件成為中國輪胎企業首次在行業協會——中國橡膠工業協會輪胎分會的組織和領導下進行的大規模集體抗辯。北京小耘律師事務所律師張毅作為代表律師表示：「根據我們所瞭解的情況，在中國，沒有一個行業像輪胎行業這樣遭受過如此高頻率的反傾銷調查，因此本案是中國產品在出口中遇到反傾銷損害最典型的案例。我們要求政府出面同南非政府和相關企業交涉。」在過去5年裡，中國輪胎企業已經經歷了多次打擊。前幾次遭遇反傾銷，中國的輪胎企業由於沒有認識到問題的嚴重性，再加上出口金額較小，影響不大，基本上沒有進行任何抗辯，因此，中國輪胎也基本上從委內瑞拉和秘魯市場全部退出。

由於中國擁有豐富的廉價勞動力，發達國家橡膠加工企業向中國迅速轉移。目前，世界輪胎十強中已有8家「落戶」中國，促使中國輪胎產量大幅增長。國內輪胎市場呈現供大於求的局面。在這種情況下，輪胎企業紛紛加大了出口的力度。但出口輪胎產品和市場結構不盡合理。出口輪胎中以低檔次輪胎為主，出口價格低；出口國家以發展中國家為主，出口中東、東南亞、非洲、南美等地區的輪胎約占出口總量的70%，而北美、歐盟等發達國家所占比例較小。隨著近年來中國輪胎出口逐年迅速增長，遭遇的反傾銷案件也越來越多。雖然名義上提起反傾銷的是南非、印度等國的輪胎生產商協會，但背后實際操縱該協會的則是世界輪胎巨頭。近幾年來，這些壟斷國際市場近60%份額的跨國公司在中國頻頻建廠，通過各種營銷手段來擠占中國輪胎企業的國內市場，迫使中國企業只能加大開拓歐美、南美、亞洲和非洲的海外市場來彌補國內的損失。但就在中國企業剛剛大規模進入國際市場的同時，這些世界輪胎巨頭又意識到中國輪胎有可能威脅到其在國際市場的份額，於是通過上述多起反傾銷案件來擠壓中國企業在國際市場的份額。

中國輪胎生產企業，為避免重蹈屢遭反傾銷和保障措施之覆轍，要從政策和技術兩個層面積極籌劃反傾銷的應對措施。各級政府和有關部門要加大輪胎生產、出口的宏觀調控力度，力促輪胎出口由數量型向技術型、效益型轉變。行業協會要充分發揮管理協調作用，加強行業自律，避免惡性競爭；對國外出現的反傾銷調查，應及早組織企業應訴，避免造成更大的經濟損失。

出口輪胎企業要實施名牌戰略，加大技改力度，調整出口產品結構；積極開展體系認證和國外產品認證出口；重點企業利用技術優勢到國外投資和合作建廠，防範國外反傾銷風險。

第五章　「市場經濟地位」問題研究

第一節　「市場經濟地位」的認定與分析

一、「市場經濟地位」問題的由來

為什麼中國的經濟體制改革在取得重大進展並且加入 WTO 的情況下，仍被視為「非市場經濟國家」呢？這種歧視性的待遇成了歐美等西方國家對華反傾銷的主要理由。而且根據 WTO 的「最惠國待遇」原則，其他 WTO 各成員國也可以享受這項特權。對此，很有必要探討一下中國「市場經濟地位」問題的由來。

（一）關稅貿易總協定與世界貿易組織反傾銷立法中對「市場經濟地位」的規定

GATT 關稅貿易總協定（General Agreement on Tariffs and Trade，GATT）第 6 條第 1 款的註釋 2：「應當承認，對全部或大體上全部由國家壟斷貿易並且由國家規定國內價格的國家出口的產品，為第 1 款的目的確定可比價格時可能存在特殊的困難，在這種情況下，進口締約國可能發現有必要考慮這種可能性，即與這種國家的國內價格作嚴格的對比可能並不總是嚴格的。」WTO《反傾銷協議》所制定的規則是針對市場經濟體制下的進口產品，但問題是 WTO《反傾銷協議》第 2 條第 7 款重申了 GATT 的價格比較規則的例外原則。從 GATT 成立到 WTO 建立，在其有關全部法律文件中，有一點可以確定，從未有任何「非市場經濟國家」或類似概念的出現，也沒有「Non - Market Economies」詞語。但 WTO 的例外條款為別有用心的歐盟、美國等到主要國家所利用，成為這些國家反傾銷國內法的法律依據。

（二）歐盟、美國國家中「市場經濟地位」的規定

美國是唯一對非市場經濟國家做出直接定義的世貿組織成員。非市場經濟國家一詞最早出現在美國《1930 年關稅法》有關規範反傾銷調查程序的法律規定中，起源於「國家控製經濟」的概念。《1930 年關稅法》第 771（18）（A）節中將非市場經濟國家定義為「不按照成本或者價格結構的市場規則運作的，產品的銷售不反應產品公平價值的國家」。美國認為，社會主義國家屬於國家完全壟斷經濟，控製全部商品價格，出口產品的價格完全不真實，進口國很難在反傾銷調查中按其市場價格來計算傾銷幅度，需要用第三國（替代國）的數據來確定傾銷幅度。這樣往往會導致最終裁定較高的反傾銷稅，從而實現限制這些國家產品出口的目的。

1998 年以前，《歐盟反傾銷法》一直將中國認定為非市場經濟地位國家。隨著中國改革開放的深化、社會主義市場經濟的發展和對外貿易額的迅速增長，經濟自由化程度和經濟地位大幅提高，歐盟從各方面綜合考慮后決定提高中國的反傾銷待遇。歐盟理事會在修改其反傾銷法時，於 1998 年 4 月 30 日通過了一項修正法案，將中國和俄羅斯從非市場經濟國家名單中排除出去。但中國並沒有被立即列入「市場經濟國家名單」，而是新設立了一個「特殊市場經濟國家名單」。

（三）《中國加入 WTO 議定書》關於中國「市場經濟地位」的規定

中國加入 WTO 談判久拖不決，「市場經濟地位」問題是一大焦點。一些發達國家出於保護本國貿易利益，在對於中國是不是市場經濟國家的問題上提出了質疑，並設置了保護性條款。中國的非「市場經濟地位」身分的法律依據主要為《中美關於中國加入世貿組織雙邊協議》，在這個協議中，中國同意其他成員國可以在中國加入 WTO 后 15 年內，將中國視為非市場經濟國家。這也是《中國加入 WTO 議定書》第十五條的由來。為贏得戰略性主動，中國接受了這一條款。《中國加入 WTO 議定書》第 15 條達成了以下妥協：GATT1994 第 6 條《關於實施 1994 年關稅與貿易總協定第 6 條的協定》（《反傾銷協定》）應符合下列規定：

（1）受調查的中國生產者和出口商如果能夠清楚地表明該產品的生產、供應和銷售等各個方面都是以市場經濟條件運作的，WTO 進口方成員就應使用被調查的中國產品的國內價格或成本來確定價格的可比性。

（2）如果受調查的中國生產者和出口商無法清楚地表明該產品的生產、供應和銷售等各個方面是以市場經濟條件運作的，WTO 成員方可以使用某種不嚴格以中國國內價格或成本為比較對象的方法，即所謂的替代國方法。

（3）如果 WTO 進口成員國內法中含有確認市場經濟的標準，那麼，一旦中國根據進口成員方的國內法確立了自己市場經濟國家地位，則上述規則終止適用。

（4）無論如何，上述（1）、（2）項內容應於中國加入 WTO15 年后失效。另外，如果中國根據進口成員方的國內法確立某一特定產業或部門具備市場經濟地位，則上述第（1）、（2）項規定不再適用於該產業或部門。

這個承諾並不能確定中國在15年內都不是市場經濟國家。事實上，加入WTO以來中國加大了改革的力度，加快市場經濟改革的進程也許不到15年的時間中國就應該是一個市場經濟國家了。15年的承諾不過是一個最大的期限。

二、歐盟、美國「市場經濟地位」的判定標準

歐盟的五項標準：

（1）企業關於價格、成本和投入的決定，包括原材料、技術成本、勞動力、生產、銷售和投資，是根據市場信號制定的，反應市場供求關係，沒有國家干預，主要生產要素的成本充分反應市場價值；

（2）有一套用於所有場合的，按照國際會計準則審計的財務帳簿；

（3）生產成本和財務狀況包括資產的折舊、勾銷帳目、易貨貿易、債務的償還等，按市場經濟法則進行，沒有受以往非市場經濟體制的顯著影響；

（4）企業在法律保護下經營，受到《破產法》、《公司法》等的約束，企業成立或關閉不受政府干預；

（5）匯率遵循市場規律。

美國的六條標準：

（1）貨幣的可兑換程度；

（2）勞資雙方進行工資談判的自由程度；

（3）設立合資企業或外資企業的自由程度；

（4）政府對生產方式的所有和控製程度；

（5）政府對資源分配、企業的產出和價格決策的控製程度；

（6）中國出口管理問題。

第二節　「市場經濟地位」對中國的影響

在中國加入 WTO 較短的時間內對華反傾銷案件頻頻發生，這嚴重影響了中國出口貿易的發展，「市場經濟地位」問題確實關係到眾多企業的市場發展甚至生死存亡。例如，美國對華彩電反傾銷案中，美國在初裁中使用印度作為中國的「替代國」，人為提高了國內幾家出口企業的傾銷幅度，從 27.94% 到 78.45% 不等。1988 年，歐盟選擇人力成本 20 倍於中國的新加坡作為替代國，裁定中國彩電傾銷，曾導致中國彩電徘徊在歐洲市場之外長達 15 年之久，嚴重阻礙了中國彩電業的國際化進程。下面來分析替代國制度對中國出口企業的影響。

一、替代國制度對中國出口企業的影響

（一）替代國制度

外經貿部條法司司長張玉卿在第 9 次中美商事法律研討會上指出，中國遭受如此之多的反傾銷指控，最主要的原因是許多國家將中國視為「非市場經濟國家（non - market economic country）」，在認定出口商品的正常價值時採取「替代國（subrogate country）」制度，其結果往往是導致認定傾銷的成立和確定較高的傾銷幅度。

所謂西方國家反傾銷法的替代國制度是：在反傾銷調查中涉及來自「非市場經濟國家」的進口產品，反傾銷調查中需要確定正常價值時，不直接採用產品本國市場的出口國價格，而是參照或選擇一個市場經濟國家作為替代國，參照該國的有關價格來確定正常價值。

（二）替代國制度在各國的實踐對中國出口企業的影響

在WTO法律體系中，替代國的法律地位得到確立，但這並不意味著替代國制度是一項完全合理的制度。以此為依據，世界各國紛紛在國內法中將此項制度加以明確規定，在對華反傾銷實踐中進一步被扭曲，各國學者從各個角度對此進行了批判：

（1）替代國制度的不可預見性，使得中國企業無法在交易中確定合理的出口價格以避免今后遭到反傾銷。進口國調查機關在選擇「替代國」方面往往具有較大的自由裁量權和隨意性，而應訴企業發言權則相對較少。例如，按照歐盟反傾銷法規，中國應訴企業往往在立案后只有10天的時間對「替代國」（歐盟法規稱為「類比國」）做出評論，很難想像中國企業能夠在這麼短的時間內對一個國家特定行業的生產成本、出口狀況以及與中國的對比情況做出有效的分析並提出完全符合自己利益的意見。而且，由於「替代國」是在反傾銷調查開始后才確定的，出口商在進行交易之前根本不可能進行合理的價格比較分析，也就難以推測被認定為傾銷的可能性以及傾銷幅度的大小。這樣，中國出口商在進行交易時永遠是在一個不知未來反傾銷狀態的情況下「盲目」確定出口價格，也就根本無法確定合理的出口價格。

（2）從實踐中看，容易被抬高反傾銷的幅度。在「替代國」的選擇上，美國和歐盟略有不同，美國原則上選擇與所謂「非市場經濟」國家「經濟水平相當」的市場經濟國家。而經濟水平相當，首先應該考慮的就是人均國內生產總值大致相當。而在實踐中，經常被選為中國「替代國」的國家（如馬來西亞、泰國等）的人均國內生產總值均高出中國許多。歐盟在選擇「類比國」時主要考慮該「類比國」相關行業與中國行業的可比性，同時不會考慮其執法的便利性。例如，在理想的「類比國」企業拒絕合作並提供相關成本數據的情況下，歐盟就會在相同案件中涉案的國家中選擇一個國家作為「類比國」，從而滿足其執法的便利性。因此，歐盟選擇的「類比國」中曾經有美國、加拿大等發達國家，其對中國企業的極端不利是不言而喻的。例如，1993 年之前中國彩電對歐盟出口超過了 100 萬臺，而且市場份額的增長勢頭較猛。但 1993 年歐盟開始對中國彩電進行反傾銷調查，並選取新加坡作為中國的「類比國」，而新加坡的勞動成本是中國的 20 多倍，因此中國彩電被裁定為「傾銷」，並被徵收超過 40% 的最終反傾銷稅，幾年之后中國彩電在歐盟的市場份額就消失殆盡。

（3）中國企業要付出高昂的代價。在每次反傾銷調查中，中國企業不僅要積極應訴，準備各種材料，而且還要向各國政府相關部門論證我們的「市場化」改革成果和進程。初步估算，單是國內企業每年用在這種應訴上的費用就高達數億元，甚至幾十億元人民幣。可以說「市場經濟地位」問題是中國企業在國際市場上屢遭傾銷之訴、受到不公正待遇的最根本原因。美、歐對華彩電的反傾銷案是這方面的典型：歐盟自 1991 年起通過反傾銷措施一直將中國彩電關在門外。

二、「市場經濟地位」問題給中國帶來的負面影響

由於中國加入 WTO 后沒有從根本上解決其「市場經濟地位」問題，從而為今后中國外經貿工作的穩定發展帶來了極大的隱患。非市場經濟地位給中國對外貿易帶來了不少負面影響，主要表現在以下三個方面：

（一）使中國企業在應對外國反傾銷調查時處境極為不利

由於把中國視為非市場經濟國家，在計算中國商品的正常價值時就無法運用中國原始數據計算成本，而是採用第三國標準，從而導致中國企業敗訴率高，被裁定的傾銷率幅度大，使企業難以接受。如中美彩電反傾銷案中，美國選擇的替代國是

印度，使得一些中國彩電企業失去全球三大彩電市場之一的美國市場。此外這項不公平的裁定對中國彩電整機制造業的危害直接蔓延到整個彩電產業鏈，如元器件、半導體、顯像管、塑料等多個配套產業環節。對整個彩電行業造成了不利的影響。由於徵收幅度不同的傾銷稅率，造成彩電行業內部企業的不團結。

（二）使中國外貿環境惡化

一旦一國依據「非市場經濟」歧視性的做法對中國產品裁定進行反傾銷制裁，其他 WTO 成員方也會進一步提出更多的反傾銷申訴，同時打擊了中國企業應訴的積極性，形成惡性循環。如當中國出口商品被歐盟最終徵收反傾銷稅后，這一稅率將持續5年，從而導致中國出口產品長期無法進入歐盟市場，出口商只能轉而開拓其他國家市場，這又引發其他國家對華的反傾銷調查。這樣的情況不勝枚舉：如中國重要的出口產品——自行車就先后遭受歐盟、加拿大、墨西哥、阿根廷、美國等數國先后十余次立案反傾銷調查。有些產品不但在甲國反覆立案，而且乙國馬上就醞釀採取相應的保護措施。如土耳其 1993 年對中國出口的一次性打火機提起反傾銷立案，但該案在 1995 年做出終裁后，2001 年土耳其又對打火機再次立案。對中國的出口的連鎖式的反傾銷，使得一些出口商品極大地減少了國際市場份額甚至退出了國際市場，也在很大程度上損害了中國產品在國際市場中的整體公平競爭環境。

（三）否認中國建設市場經濟的成果和現狀影響中國國際形象

受國家商務部的委託，北京師範大學經濟與資源管理研究所於 2003 年完成了《2003 年中國市場經濟發展報告》，報告借鑑國際上通行的評價標準與方法，測算出 2001 年中國經濟總體市場化程度為 69%，證明中國市場化程度已超過市場經濟臨界水平，並處於發展中國家中等水平。因此，WTO 及某些成員方不承認中國「市場經濟地位」是不公平的，也是站不住腳的。「非市場經濟地位」不僅不符合中國市場經濟發展的客觀事實，而且使中國在國際貿易中處於受歧視的地位，影響中國的國際形象。面對已經大大市場化的中國，美國等西方國家仍視中國為「非市場經濟國家」，這不僅不尊重客觀事實，還使中國在對美等西方國家經濟關係中，與其他國家相比處於受歧視的地位。一國過多地被提起反傾銷起訴，不管最后的結果如何，很容易給別國造成一種經常不按照國際法行事的印象。「非市場經濟地位」已經影響到了中國的國際形象。

第三節　中國迄今未能取得「市場經濟地位」的原因

「市場經濟地位」問題是中國出口產品屢遭反傾銷調查的根本原因，是中國應訴反傾銷案件中的一塊絆腳石。但事實上，世界上沒有一個國際權威標準能核定中國是否完全符合市場經濟條件，到目前為止，世界上已經有 52 個國家承認中國的市場經濟地位。但作為中國主要出口市場的歐盟、美國仍然拒絕承認中國市場經濟地位。究其原因是多方面的，既有國際經濟大氣候的影響和貿易規則的約束，也有各國貿易保護和經濟政治的考慮。特別還有對中國產品的「恐懼」心理和歧視性的對華反傾銷政策，以及中國自身存在的不足。

一、未能取得「市場經濟地位」的內因

（一）市場經濟體制不夠完善

應當看到，中國的經濟模式、現狀和計劃經濟時代已不可

同日而語。市場體系已基本建立，市場化程度也有了非常大的提高。在《2003 年中國市場經濟發展報告》中曾指出，中國市場經濟發展程度在 2001 年年底已達到 69%，突破了市場經濟標準的臨界線，市場經濟框架已經建立。2002 年和 2003 年中國市場經濟發展程度分別達到 72.8% 和 73.8%，中國的市場化程度正在穩步提高。

當然，這些成就的取得並不代表目前中國的市場化程度很成熟、很完善，已經完全符合市場經濟國家的標準和要求。現實中中國的市場化改革仍存在一些不足之處，而正是由於這些不足，才使得許多西方國家以此為「話柄」不予承認中國的「市場經濟地位」。仔細分析和研究中國的改革實踐歷程，我們發現目前在中國的市場化改革中主要存在以下不足：

1. 政府職能尚未完全轉變

政府職能尚未完全轉變，還不能適應新形勢下經濟發展的需要，在行使經濟管理和公共管理職能方面還有不少問題；有關私人財產的法律制度尚不健全，法制還欠缺規範；社會收入分配制度不夠合理，貧富差距進一步加大；社會保障制度不夠完善，困難群體的援助機制尚待進一步建設和規範等。

2. 國有大企業改革步履艱難，經營機制仍不科學

企業的「短期行為」大量存在，嚴重干擾了正常的微觀競爭秩序；企業內部經營管理制度欠缺規範和合理，尤其是缺乏符合國際標準要求的會計制度、審計制度等系統的財務管理制度；企業領導者自身素質不太高，影響了企業向更高、更科學的方向發展等。

3. 市場不夠完善

目前中國信用缺失和市場無序問題相當嚴重，在商品市場上，生產銷售假冒僞劣商品、虛假廣告、以回扣等各種形式的誘騙詐欺經營形式屢禁不止。企業之間資金拖欠、坑蒙拐騙、

呆帳壞帳等層出不窮；在生產資料市場，利用經營合同騙買騙賣現象時有發生。在期貨市場，交易誤導、詐欺、私自對沖、人為造市等問題不乏其例。在證券市場上，虛假招股書、虛假年報等問題普遍存在，誤導投資者。這些不規範的交易行為和失信現象直接影響了市場體系的健康發展。

（二）中國企業會計準則與國際會計準則相差懸殊

加入 WTO 后，隨著國際貿易的擴大，資本市場的開放，外資銀行的進入，國際結算業務的增加，都要求中國在會計信息的確認、計量與披露方面符合國際會計慣例。唯此，才能對會計信息進行合理的比較，為各利益相關者進行正確的經營決策、籌資和投資決策提供有用的信息。與國際慣例接軌，也是為了更好地履行權利和義務，在傾銷與反傾銷、補貼與反補貼等貿易戰中，可以做到有理有據地為自己辯護提供可靠的信息。然而，中國現行會計準則、制度與國際會計慣例尚存在一定差距。

1. 中國會計準則與國際會計準則的差距

中國會計準則與國際會計準則的差距，主要就是對成本的確認。張澤平指出：中國在反傾銷立法與實踐中對確定產品成本的會計標準是模糊不清的，中國會計制度與會計準則沒有採用銷售總務管理支出（Selling General and Administrative Expenses，SG&A）這一國際上廣泛採用的術語。從影響成本的主要因素分析，中國會計準則與國際會計準則的差異表現在：中國會計準則計算無形資產成本是不考慮現值因素；對於開發支出等無形資產支出和后續支出，中國會計準則要求不得資本化，而國際會計準則的要求是可以有條件地資本化；對於折舊方法和攤銷方法，如對無形資產攤銷，中國會計準則規定不長於 10 年，國際會計準則允許攤銷 20 年。上述的這些差異影響了中國對反傾銷的應訴，這些差異可能導致成本計算的不同，從而改變傾銷裁定的結果。所以協調和縮小兩者之間的差距是很有必要的。

2. 市場經濟地位與會計準則的關係

中國眾多反傾銷訴訟失利的原因都是因為沒能在應訴中獲得「市場經濟地位」。周友梅認為，中國企業採用符合國際標準的會計準則是在反傾銷應訴中爭取「市場經濟地位」的重要措施之一。在經濟全球化中，中國應該接受國際會計準則委員會制定的會計準則，中國的會計準則既要符合中國的特殊情況，也要以國際會計準則為指導來進行會計實務梳理，只有這樣才能在市場經濟地位問題上取得突破。

（三）企業應訴不力

這個問題在上章已經闡述，在這裡將不再詳述。

二、未能取得「市場經濟地位」的外因

（一）市場經濟問題的政治化

1. 歐盟、美國政治的需要

（1）歐盟、美國對華政治的需要

從表面上看，中國的「市場經濟地位」問題似乎是經濟問題，只要達到了歐美的上述標準，中國就會被承認市場經濟地位。但是，經過思考，我們發現不論是美國的六項標準還是歐盟的五項標準都不存在可以量化的指標，那麼是否承認中國的市場經濟地位就有很大的隨意性。美國前商務部長唐納德·埃文斯說：「我們援引美國貿易法冠以中國『非市場經濟地位』的名稱，這使得我們掌握了對中國施壓的有力工具……」也正如唐納德·埃文斯於 2004 年 4 月 28 日在美中經濟關係演講中所強調的：「勞資和匯率兩項標準將是美國政府衡量中國市場經濟地位重點考慮的問題……除非由市場主導決定勞資和貨幣兌換，否則中國仍是一個非市場經濟國家。」由此可見，美國正是把市場經濟地位作為手中的籌碼來對中國進行干預，可以肯定的是

美國在今后一段時間內對人民幣匯率制度的改革將會施加更大的壓力，中國勞工權利問題也將會受到美國勞聯—產聯更多的指責。對於這個政治化了的經濟問題，中國與歐美的談判不會有明確的時間表。能否獲得市場經濟地位，取決於中國與歐美能否在戰略利益上取得交換。而只有雙方在戰略利益上達成妥協，中國的市場經濟地位問題才可以迎刃而解。

（2）歐盟、美國國內政治的需要

在世界經濟形勢不好之時正是貿易保護盛行之時，一些國家處於政治上、經濟上、社會上的壓力，頻頻運用貿易保護措施來取悅國民；進口國政府也出於自身的政治利益需要和迫於國內企業倒閉、工人失業等嚴重社會問題的壓力，往往使用反傾銷手段限制進口產品。以美國為例，美國製造業失業現象突出，由於發達國家的需求模式從製成品轉向服務，導致了製造業部門的相對萎縮。過去美國的輿論認為機器代替了工人；而發展中國家製造業崛起后，他們又把這種趨勢歸罪於發展中國家的競爭。實際上中國出口至美國產品的競爭力影響很小，即使把中國排除在美國市場之外，美國仍可以從印度、馬來西亞、墨西哥等其他國家進口相似的產品，貿易逆差不僅沒有減少，還會損害消費者的利益。

2. 歐美的貿易保護主義

應該說，世界各國基於本國利益都會採取或輕或重的貿易保護措施，一定程度的貿易保護是國際經濟交往中的常態。早期以李斯特為代表的貿易保護理論認為：貿易保護是發展中國家為扶持本國幼稚工業，為維護民族國家經濟的平穩發展而採取的保護政策和措施。而現在的貿易保護主義指的是：發達國家為爭奪世界市場而採取的貿易政策，是保護國內正在走向衰弱的壟斷工業。20 世紀 70 年代出現的新貿易保護主義則是在此基礎上各主要發達國家競相採取除關稅和進口配額以外的其他非關稅壁壘手段來實行貿易保護的趨勢。

3. 歐美冷戰思維的延續

當今世界主要發達國家的關於市場經濟國家的標準和列入「非市場經濟國家」名單也清楚地表明，有關給予中國市場經濟地位的承認問題，實際上是由政治操盤決定的原則問題。歐盟關於「非市場經濟國家」的名單經常變動。所謂「非市場經濟國家」只要在意識形態方面已經轉向西方國家，則承認為市場經濟國家，特別是在歐盟東擴成功以后，波蘭、捷克、斯洛伐克、匈牙利等計劃經濟國家最近紛紛從「非市場經濟國家」名單上脫身；而對經濟體制正在或已經轉型的市場經濟國家中國堅決不予認可。很清楚這是冷戰思維的延續並強烈地表現在對市場經濟國家地位的認定上，充滿了政治和意識形態問題。面對日益強大的中國經濟，美國理所當然地要在經濟上為中國設置發展屏障，把經濟問題上升到政治高度來認識。除了美國固有的意識形態之外，在貿易政策上給中國更多的歧視性待遇是實現扼制中國的有效工具。

4. 以美國為首的西方國家對華貿易政策的歧視性

在一些國家調整了反傾銷政策后，以轉型經濟國家對待中國的出口產品，對此，美國採取了分別稅率政策。分別稅率政策（Separate Rate Policy）是美國商務部反傾銷實踐中針對非市場經濟國家長期實行的一項政策，是在確定針對非市場經濟國家出口商品的正常價值採用替代國數據做法之外的又一項歧視性政策。其核心是假定在非市場經濟國家中所有企業都受政府控製，因此只能適用一個統一的全國性稅率，除非應訴企業能證明其出口活動在法律和事實上不受政府控製。該政策包含有兩層含義：一是對未被調查的市場經濟國家的公司自動獲得受到調查的公司的稅率；而對非市場經濟國家的出口企業而言，必須首先通過單獨被調查或「A」卷測試才能獲得單獨稅率或 A

卷稅率。二是那些未能通過此測試的出口企業只能獲得非市場經濟國家的全國性懲罰性稅率。非市場經濟國家的全國性稅率要比 A 卷稅率高很多，沒有得到 A 卷稅率的出口企業基本上失去了美國市場。

從美國對加拿大軟木反傾銷案和對中國蝦反傾銷案對比可進一步看出這一政策對中國企業的歧視性。在加拿大軟木案中，美國商務部從數百個申請者中選擇了 8 家強制性應訴企業，在中國的蝦案中也從 57 家企業中選擇了 9 家企業作為強制性應訴企業。但加拿大的其他所有應訴企業無須採取任何措施而自動獲得加權平均稅率的待遇，而中國企業經過很大努力，仍有近 30% 的企業未能獲得 A 卷稅率。在彩電、結構鋼梁等案件中，市場經濟國家出口企業獲得的平均稅率基本上可以維持出口，而針對中國未通過 A 卷測試企業的稅率則完全是禁止性的稅率。以上從美國對同一商品採取反傾銷而對不同國家的不同待遇可更清楚地看出這種做法的不公平性。事實上，WTO 協定及《中國加入 WTO 議定書》中均沒有對分別稅率政策進行規定，根據最惠國待遇，美國在此問題上就該給予中國與其他 WTO 成員方相同的待遇，而不能以中國為非市場經濟國家為由對中國企業採取不同的待遇。不論是政策理論上，還是實踐中的歧視性，這種做法都有悖於世界貿易組織的規定。

（二）世界經濟正在進入碰撞軌道

進入 21 世紀以來，西方主要經濟實體——歐盟、美國和日本等的經濟形勢紛紛呈現衰退跡象，與之形成反差的則是中國經濟的持續高速發展，外貿出口增長也較快，國內新興產業大量湧現。中國產品由於勞動力和原材料比較優勢，在價格競爭中處於明顯優勢，不斷打入世界市場帶來了市場的繁榮和消費者的好處；同時，也不可避免地成為遭受反傾銷調查的主要國家。

1. 中國的崛起

隨著經濟總量和經濟增量快速增長。在 1978—2003 年的 25 年中，作為世界經濟發展中一道最為亮麗的風景，中國的國內生產工具總值實現了年均 9.4% 的快速增長，成為世界上第三大貿易國。伴隨著中國貿易總額快速增長和國際貿易地位的顯著提高，中國經濟總量的增長以及工業大國的形成使中國從貿易大國變成貿易強國，引起了西方國家的恐慌，於是就有了「中國威脅論」，隨之而來的就是「圍堵中國論」。顯然，既然中國必然要成為一種威脅，那麼就必須加以「圍堵」，並且早「圍堵」要比晚「圍堵」要好。可見，「中國威脅論」對中國的負面影響是巨大的，它實際上要聯合各國危及中國的經濟安全，對中國崛起形成了一股強大的外部扼制力。

2. 以美國為首的西方國家經濟走勢

以美國為例，作為世界上最大的工業國家，新一輪衰退后美國國內經濟的失衡現象持續加劇，美國把經濟疲軟歸因於美國對中國貿易逆差和美國失業。其理由：一是中國產品低價銷售，二是對進口國形成有效競爭，三是進口國物價受到外部衝擊導致經濟疲軟。

事實上中國的發展給世界、給亞洲都帶來了巨大的機遇。首先，中國產品價格較低根源於中國勞動力供求格局，也是比較優勢在國際分工中的體現，這對增進美國整體福利有益而無害。其次，中國出口到美國的產品不僅在美國進口總量中所占的比例不大，以勞動密集型加工產品為主，包括紡織品、玩具、鞋帽、小型機電等技術含量低的領域，並沒有對美國的主導產業形成任何衝擊，更無法同美國新技產業形成競爭局面。中國之所以在這些商品上佔有美國市場，一個很大的原因是工業化國家在把這些產品的生產基地逐漸轉移到中國。再次，美國經濟疲軟是經濟週期的表現。所以把經濟疲軟歸咎於中美貿易逆差是缺乏根據的。另外美國認為：中國製造帶來美國工人的失業。美國工人的失業並非由於中國產品的進入，而是全球化進程的結果。在全球化的過程中，跨國公司進入各國，尤其是業務外包的出現，如印度、東歐等大量承接美國等發達國家的外包業務，成為工作外流的最重要因素。美國重新揮動貿易制裁的大棒這種行為違背了自由貿易的宗旨。顯然，中美貿易不斷惡化，而美國對中國「非市場經濟地位」的定位，更多是因中美貿易惡化而不得不做出的反應。

3.「市場經濟地位」是中美經貿關係的敏感問題

「市場經濟地位」一直是中美經貿關係中的敏感問題。改革開放30多年來，中國在建設社會主義市場經濟體制方面取得了矚目的成就，而美國迄今為止仍拒絕承認中國的市場經濟地位。市場經濟地位並沒有全世界統一而公開的標準。理論上完全的市場經濟現階段並不存在。即使在美國，外資涉及的領域也並不完全是自由的，更何況其他的五項標準。而美國的六大標準完全由美國所制定，因此美國可以隨意使用來否認中國的市場經濟地位。甚至拿市場經濟地位作為國際利益交換的籌碼，美國還很習慣把這一問題和政治經濟因素掛勾，並把這些問題複雜化為政治要挾和體制演化。但美國官方主流觀點認為現在美國對華貿易存在逆差是源於中國產品傾銷，使用非市場經濟地位來限制中國對美出口是最重要的手段之一。對於中國來說，反傾銷是美國的利益重點，拒絕承認中國的市場經濟地位就意味著衡量傾銷的標準可以隨其意而裁定。

第四節　爭取「市場經濟地位」的對策

面對國外反傾銷，中國政府部門、行業協會和企業應加強合作，採取相應的對策，盡快扭轉不利局面。

一、加強反傾銷會計研究

在歐盟對華反傾銷中，評估中國涉案企業的市場經濟待遇有五條標準中有三條與會計有關。所以反傾銷不僅是一場法律戰，還是一場會計戰。在反傾銷訴訟中，中國企業在國外反傾銷訴訟中敗訴的重要原因是調查機構對中國企業的產品成本不予承認，原因是中國企業會計準則與國際反傾銷法的要求存在很大差距，中國企業沒有採用符合國際標準的會計準則。而會計準則是應訴成敗的關鍵。所以我們必須加強反傾銷會計的解讀和研究。

（一）反傾銷會計的定義、框架和會計信息的質量特徵

反傾銷會計是指運用會計知識、反傾銷法知識和國際貿易知識，就反傾銷中的規避、會計舉證、會計調查和會計鑒定進行運作的活動。反傾銷會計的框架應包括反傾銷應訴會計、反傾銷規避會計和反傾銷調查會計。會計信息的質量特徵即會計計量的公允性，指的是符合國際會計準則和國際慣例，它的前提是透明度，沒有透明度就談不上會計計量的公允性；會計計量的公允性在充分協調的基礎上，體現在會計準則、會計制度和會計方法之中，應該符合市場經濟的規律、體現會計的特色，具有相關性和可靠性。

（二）認真解讀國際反傾銷法會計規則

周友梅（2003）對國際反傾銷法中的會計規則解讀如下：

（1）在確定成本時應有條件地接受被調查的出口商或生產者保存的會計記錄。這裡所說的「有條件地」是指接受被調查的出口商或生產者的會計記錄符合國際會計準則的要求。

（2）國際反傾銷法中所認可的產品成本包括「生產成本」和「銷售、管理和一般費用（SA&G）」兩部分。

(3) 反傾銷確認正常價值的方法有一個前提，就是銷售價格必須不低於成本。但並非所有低於成本加 SA&G 的價格都不可接受。邊際成本法就是一個在反傾銷應訴中可以運用的有效的抗辯理由。

(三) 建立反傾銷會計保護機制、反傾銷會計信息平臺和預警系統

從實踐中我們知道，對國際反傾銷的「瓶頸」主要是缺少一個反傾銷會計保護機制，這是中國贏得反傾銷訴訟的最大障礙。反傾銷會計保護機制是指特定主體運用會計知識、反傾銷法知識和國際貿易知識，就反傾銷中的問題提供會計支持，進行會計規避、會計舉證、會計調查、會計鑒定的體系和機制。它是用來保護自身的會計手段，是確保自由貿易條件下公平競爭的安全閥。中國反傾銷會計保護機制應該包括會計保護機制、行業商會反傾銷會計保護機制和仲介機構反傾銷會計保護機制。而建立一個反傾銷會計信息平臺可以及時搜集和利用大量有關的信息和資料。中國在建立反傾銷會計信息平臺中，應向國外的公司學習，啓動競爭對手會計，建立競爭對手信息平臺，特別是建立境外競爭對手會計信息平臺。還必須注意：企業境外競爭對手的確認；競爭對手會計要搜集的信息；競爭對手會計獲取信息的渠道；競爭對手會計獲取信息的方法。最后，面對國外的反傾銷調查，積極應訴是對策之一，但合理規避應該是上策。所以反傾銷規避會計實施很重要，指的是通過建立避免引發反傾銷調查的會計預警系統，在國外對中國出口產品發起反傾銷調查之前，出口企業實施反傾銷會計的規避戰略，避免傾銷調查的發生，實現反傾銷調查的會計保護。周友梅提出的基本方法：建立反傾銷會計機構；瞭解並掌握主要目標市場的反傾銷法規；啓動定價戰略的會計控製；加強出口產品的明細核算；重視對目標市場「投資進入」的會計決策。

（四）認真研究反傾銷會計的價格承諾問題和實地核查

反傾銷會計的中的價格承諾要求我們在貿易中合理地確定價格和數量，可以保證企業在不斷變化的國際市場上保持競爭力，獲取更多的利潤。此外，在涉案企業的應對過程中，最為重要的環節是調查問卷的答復和調查機關的實地核查。

中國企業應積極準備核查中的會計舉證以及對實地核查所需要的材料給予支持。

（五）培養並提高反傾銷會計人員的素質

與普通的會計人員不一樣，反傾銷會計人員的素質要求更高。應包括：

（1）精通會計，熟悉相關會計準則；

（2）應該通曉國際反傾銷法律；

（3）要掌握國際貿易知識；

（4）要精通國際法務會計；

（5）要具備必要的外語水平；

（6）注重會計學歷教育的同時，加強對在職人員的培訓。

二、通過談判取得「市場經濟地位」

雖然在目前 WTO 框架下，WTO 並沒有完全承認中國的「市場經濟地位」，但根據《中國加入 WTO 議定書》第 15 條規定，可以採取個案處理的方式由成員方獨自決定是否給予中國整個國家或者某個行業或者某個企業完全市場經濟地位。通過政府間雙邊談判的方式爭取其他成員國以其國內法形式承認中國完全市場經濟地位或 WTO 內部多邊的談判爭取對反傾銷制度的改革也是解決問題的途徑之一。

（一）加強雙邊貿易談判，爭取他國承認中國的「市場經濟地位」

實際上，市場經濟的審查在很大程度上是由反傾銷調查機關的主觀好惡來確定的，存在歧視性和任意性。因此必須加強政府的交涉，促使其他 WTO 成員方承認中國的「市場經濟地位」；短時間內，歐美承認中國市場經濟地位的可能性不大，但我們一方面不應放棄對歐美國家的努力。另一方面，我們應盡可能爭取歐美以外的其他國家以取得更大的突破。應國內企業和學界的呼籲，中國政府自 2002 年開始就爭取市場經濟地位問題在外交領域展開了一系列的活動，2004 年是中國「市場經濟地位」解決獲得較大進展的一年。經過多方努力，已取得明顯的成效。截至 2006 年 3 月 16 日，商務部副部長魏建國在利比里亞首都蒙羅維亞與該國商工部代部長皮特·諾曼簽署諒解備忘錄，利比里亞政府正式承認中國完全市場經濟地位，完全承認中國完全市場經濟地位的國家已經達到 52 個

從國家或地區總數來看：已經有超過 1/4 的國家承認中國市場經濟地位。2004 年 4 月 14 日，新西蘭成為首個承認中國的完全市場經濟地位的 WTO 成員；韓國則是中國千億美元以上貿易夥伴中承認中國市場經濟地位的第一個國家；而占了中國出口產品市場的一半左右，又是對中國發起反傾銷調查的大戶，占全部反傾銷涉案金額的 84.5% 的貿易夥伴歐美尚未承認中國的完全市場經濟地位。近幾年，歐盟、美國等與中國進行了非市場經濟問題的交流和討論。鑒於中國的磋商要求，歐美在中國市場經濟地位的問題上也給予了積極回應。中方 2003 年 6 月向歐盟遞交要求歐盟承認中國市場經濟地位的報告。2004 年 2 月，歐盟專家組對《2003 中國市場發展報告》提出了「初步評估意見」；2004 年 11 月 29 日在北京舉行了中歐市場經濟專家工作組第一次會議；2005 年 2 月，歐盟新任貿易委員彼得曼德爾森訪問中國時表示有決心盡快解決中國市場經濟地位問題；2006 年 3 月 12 日歐盟委員會貿易救濟司司長維尼格在杭州同中方官員和企業代表舉行了「中歐市場經濟地位企業座談會」；儘

管至今歐盟仍沒有承認中國市場經濟地位，但歐盟一直在這一問題上保持了與中國的磋商。2004 年 4 月，中美雙方在中美商貿聯委會會議上達成協議，聯合成立結構性問題工作組，討論和處理中國市場經濟地位問題。同年 6 月 3 日，美國商務部就中國市場經濟地位問題舉行聽證會。聽證會的結果是不承認中國的市場經濟地位，但同意就此問題同中國繼續磋商和協作。至今，市場經濟問題聯合工作小組仍然保持運作，不過尚未取得明顯進展。

（二）推動 WTO 內部談判，努力消除「市場經濟地位」對中國的負面影響

中國應積極倡導並推動世界貿易組織內部進行反傾銷談判，促使反傾銷制度的改革和完善。首先，中國在積極推動 WTO 內部談判時，應制定更加嚴厲的反傾銷規則，升級中國產品，才能從根本上消除中國外貿面對的反傾銷難題。其次，由於支持 WTO 談判的大多數是發展中國家，而中國作為發展中大國，應聯合這些發展中國家，獲得有利的談判地位。再次，歐盟在談判中採取了曖昧的態度，中國採取積極的反傾銷態度進而會影響歐盟的態度，爭取歐盟的支持，孤立美國，取得在談判中對中國更加有利的談判效果。最后，中國可以將反傾銷議題與美國的投資、知識產權議題捆綁談判達成對中國有利的反傾銷國際游戲規則。作為反傾銷制度的最大受害者，中國應抓住 WTO 談判機會，支持 WTO 中反傾銷談判，聯合各方力量，使反傾銷制度朝著更加嚴格規範的方向發展。

三、充分發揮行業協會、政府的作用，強化應對反傾銷領導主體

這個問題上一章已經進行了詳細闡述，在這裡不再重述。

由於其他世貿成員不承認中國的市場經濟地位，使得中國

企業在應訴國外反傾銷調查時的處境極為不利，不但敗訴率高，而且被裁定的傾銷率也讓很多企業難以承受。更為重要的是，不承認中國為市場經濟國家的規定嚴重背離了中國經濟發展的現實，是西方國家把經濟問題泛政治化的習慣做法，是歐美等主要國家所推行的貿易政策帶有濃厚的歧視性和貿易保護主義色彩。所以反傾銷是一項系統而複雜的工作，中國要取得「市場經濟地位」需要企業、政府和行業協會「三管」齊下共同努力。

第六章　技術性貿易壁壘及其應對策略

技術性貿易壁壘起源於發達國家，首先是徵對貿易商品本身存在的直接影響人類、動植物健康安全、生活環境等方面的質量問題（包括商品成分、質量和性能等）而提出的技術指標或技術要求，隨后擴大到商品生產過程中可能產生的危害環境或影響人類、動植物健康安全或社會可持續發展的有害物質生成、殘留物排放、污染處理、資源消耗等各方面的環境指標。一個國家出於維護本國經濟利益、保護人民和動植物的健康安全及環境的需要，在國際貿易中採取適當、適度的保護措施是無可非議的，但如果保護措施過度、過分以致影響、扭曲了正常貿易的進行，這種保護措施就成為障礙性壁壘。

目前國外技術性壁壘所採取的主要措施有三大類：一是以技術法規、標準、合格評定程序為主要形式的技術性貿易壁壘，稱為 TBT 措施；二是以動植物及產品衛生檢疫要求為主要內容的衛生檢疫措施，統稱為 SPS 措施；三是以環境技術指標和環境管理為核心的環境壁壘措施，又稱為綠色壁壘措施。本章僅對前兩類，即 TBT 措施和 SPS 措施進行研究。

第一節　《TBT 協議》

《TBT 協議》的全稱為《世界貿易組織貿易技術壁壘協議》(Agreement on Technical Barriers to Trade of the World Trade Organization)，TBT 是世界貿易組織技術性貿易壁壘協定的英文縮寫。技術性貿易壁壘協定又稱標準守則，它對各成員國在國際貿易中制定、採用和實施的技術法規、標準及合格評定程序等做出了明確的規定。《TBT 協議》是協調和減少國際間技術性貿易壁壘的重要和有效手段。1974 年 4 月在日內瓦簽署草案，於 1980 年 1 月 1 日正式生效，當時是關稅及貿易總協定（General Agreement on Tariffs and Trade，GATT）的重要協定之一。在烏拉圭回合談判中對 GATT/TBT 文本進行修改，1994 年定稿列入烏拉圭回合談判結果，與其他文件一同發布，成為世貿組織的一個重要協定，改稱《TBT 協議》。

一、《TBT 協議》基本框架

《TBT 協議》分為 6 大部分 15 條 129 款和 3 個附件，具體如表 6.1 所示。

表 6.1　　《TBT 協議》的構成

部分	內容	對應條	對應款
一	總則	第 1 條	1.1 ~ 1.6
二	技術法規和標準	第 2 ~ 4 條	2.1 ~ 2.12 3.1 ~ 3.5 4.1 ~ 4.2

表6.1(續)

部分	內容	對應條	對應款
三	符合技術法規和標準	第5~9條	5.1~5.9 6.1~6.4 7.1~7.5 8.1~8.2 9.1~9.3
四	信息和援助	第10~12條	10.1~10.11 11.1~11.8 12.1~12.10
五	機構、磋商和爭端解決	第13~14條	13.1~13.3 14.1~14.4
六	最后條款	第15條	15.1~15.4
七	本協定名詞術語及其定義	附件1	
八	技術專家組	附件2	
九	制定、批准和實施標準的良好行為規範	附件3	

二、《TBT 協議》的基本原則

《TBT 協議》提出了對成員的技術法規及實施的一系列相關條件和原則。

(1) 貿易影響最小原則。不會給國際貿易製造不必要的障礙，對貿易的限制不應超過為實現合法目標所必需的程度。

(2) 非歧視原則，包括國民待遇和最惠國待遇兩種形式，給予源自任何成員領土進口的產品不低於其給予本國（或本地區）同類產品或來自任何其他成員方同類產品的待遇；不能構成任意的或不合理的歧視的一種手段，或構成對國際貿易的一種隱蔽限制。

（3）等效相互承認原則。只要其他成員的技術法規能夠實現與本國法規相同的目標，即使這些法規與本國的不同，成員也必須積極考慮這些法規為等效技術法規。

（4）協調原則。為了在盡可能廣泛的基礎上對技術法規進行協調，各成員方在資源允許的條件下，應盡可能通過適當的國際標準化團體，充分參與已採用的或準備採用的技術法規覆蓋的產品國際標準的制定工作；為使合格評定程序在盡可能廣泛的基礎上協調一致，各成員在其資源允許的條件下須盡可能參加相關國際標準化機構制定合格評定指南和建議工作。

（5）透明度原則。透明度原則是指各成員國對貿易有影響的技術法規、標準合格評定程序應該公開公布，其他成員應及時獲得充分信息。制定、修訂此類技術法規應早期通知，簡要說明目的，對於其他成員國的意見應進行討論和予以考慮。為此，各締約方均應按貿易技術壁壘的要求建立通報和諮詢程序，並建立「WTO/TBT 諮詢點」。

三、《TBT 協議》的主要內容

（一）技術法規的制定、通過與實施

（1）各締約方應保證在技術法規方面給予來自任一締約方境內產品的待遇，不低於本國生產的同類產品或來自任何其他國家的同類產品的待遇。

（2）各締約方應保證在技術法規的制定、採用或實施在目的或效果上均不會給國際貿易製造不必要的障礙。考慮到正當目標未能實現可能導致的后果，技術法規應包括為實現正當目標所必需的條款。但是技術法規除未實現正當目標必需的條款外，不應有額外限制貿易的條款。這裡所說的正當目標是指國家安全，防止欺騙，保護人身健康和安全，保護動植物的生命

和健康，保護環境。在評估未能實現上述正當目標所導致的風險時，需要考慮到現有的科學和技術信息、有關的加工技術或產品的預期最終使用等因素。

(3) 如果採用某技術法規的環境或目的已不復存在，或者改變了的環境或目標基本不再需要用對貿易有限制的條款來保障，則該技術法規應予以取消。

(4) 為了在盡可能廣泛的基礎上對技術法規進行協調，各締約方應在他們資源允許的條件下盡可能通過國際標準化組織參加它們已採用的或準備採用的技術法規相應的產品國際標準的制定工作。

(5) 凡適用時，各締約方應盡可能按產品的性能要求，而不是按設計或技術特性來闡述技術法規。

(二) 標準的制定、採用和實施

(1) 各締約方應保證其中央政府標準化機構接受並遵守《TBT 協議》附件 3 中的標準制定、採用和實施良好行為規範(在本協議中成為規範)。各締約方應採取它們能夠採取的適當措施確保其境內的地方政府和非政府機構以及他們參加的或其境內有一個或多個機構參加的地區標準化組織接受並遵守這個良好行為規範。此外，締約方不應採取措施直接或間接鼓勵這些標準化機構違反良好行為規範。不管標準化機構是否已接受良好行為規範，確保其境內的標準化機構遵守良好行為規範條款是各締約方應盡的義務。

(2) 已接受並遵守良好行為規範的標準化機構應當被各締約方承認其符合本協議的各項原則與技術法規和標準的符合性。

(三) 國際性和區域性系統

(1) 需要提供產品符合技術法規或標準確實的保證時，只要條件允許，各締約方應制定和採用國際合格評定體系參加其活動或作為其成員。

（2）各締約方應採取它們能夠採取的適當措施，保證其境內有關機構參加國際性和區域性合格評定體系遵守 WTO《TBT 協議》條款 5 和條款 6。此外，締約方不應採取措施直接或間接鼓勵這些體系採取違反條款 5 和條款 6 的行動。

（3）各締約方應保證其中央政府標準化機構只信賴遵守 WTO《TBT 協議》條款 5 和條款 6 的國際性區域性合格評定體系。

（4）對發展中國家的特殊和有差別的待遇。

①各締約方應按下述條款以及本協議的其他條款對發展中國家締約方給予有差別的和較優惠的待遇。

②各締約方應特別注意本協議中有關發展中國家締約方的權利和義務的條款，並應考慮發展中國家締約方在執行本協議時的特殊發展、資金和貿易上的需要。

③各締約方在制定和實施技術法規、標準和合格評定程序時，應考慮到各發展中國家締約方的特殊發展、資金和貿易上的需要，以保證這些技術法規、標準和合格評定程序不對發展中國家締約方的出口造成不必要的障礙。

④各締約方認識到：即使已有國際標準、指南和建議，發展中國家仍可採用某些技術法規、標準或合格評定程序——保持與其發展相適應的當地技術、生產方法和加工工藝。因此，各締約方認識到不應期望發展中國家締約方採用不適合其特殊發展、資金和貿易需要的國際標準作為其技術法規或標準（包括實驗方法）。

⑤考慮到發展中國家締約方的特殊問題，各締約方應採取它們所能採取的適當措施，保證國際標準化機構和國際合格評定系統的組織和運作有助於所有締約方有關機構的積極性和有代表性的參加。

⑥各締約方應採取它們所能採取的措施，保證國際標準化

機構應各發展中國家締約方的要求，考慮制定對發展中國家締約方有特殊利益的產品的國家標準的可能性，並在可能時制定這些標準。

⑦在諮詢時，各發達國家締約方應考慮到發展中國家締約方在制定和實施標準、技術法規和合格評定程序時的特殊困難，在考慮幫助各發展中國家締約方時，要考慮其發展中國家在經費和發展方面的特殊需要。

⑧《TBT 協議》委員會應從國家角度定期檢查本協議所規定的給予各發展中國家締約方的特殊和有區別的待遇。

第二節　技術性貿易壁壘的形成與發展

一、技術性貿易壁壘的形成

（一）技術性貿易壁壘的概念

技術性貿易壁壘是指在國際貿易中，一國為保證國家安全要求，防止詐欺行為，保護人身健康或安全，保護動、植物的生命或健康，保護環境，採取一些與其他國家不一致的技術法規、技術標準、合格評定程序，對本國市場上的商品實施管理，從而成為其他國家進入該國市場的障礙。本研究認為，可以從廣義與狹義兩個角度來定義技術性貿易壁壘。廣義技術性貿易壁壘指衛生和動植物檢疫（SPS）措施及其他任何對貿易產生影響的技術性措施（包括對包裝、標誌和標籤的要求）及綠色壁壘、信息技術壁壘等。狹義技術性貿易壁壘指《TBT 協議》規定的技術法規、標準和合格的評定程序。一般說來，貿易技術壁壘主要是指政府強加的法令和標準，它所涉及的領域一般是安全、衛生、環境保護以及涉及消費者利益等很突出的方面。

除了政府設置的壁壘以外，還有一些並不都是政府設置的，具體來說技術壁壘對貿易產生的影響可以分為三類限制。

1. 技術限制

這些限制大部分屬於標準性質。出口國與進口國在標準之間的原則差異和不協調性。例如，美國電源頻率為60Hz，歐洲的電源頻率為50Hz，歐洲、日本的電壓與中國也不盡相同。西歐、北歐電壓為220～240V，他們不接受100V的電器產品。這樣，標準就成了貿易障礙。

2. 經濟限制

這類限制很多，對那些毫無思想準備的出口企業來說無疑是有害的。例如，規定汽車的油耗標準或者其他的節能限制就屬於這一類。

3. 司法和政府部門的限制

這類限制主要來自負責認證程序的中央和地方政府。例如，許多在美國銷售的農產品必須符合美國的有關標準和認證要求。食品和藥物的進口標準一般是在港口執行，不符合進口標準的予以扣留、銷毀，或再加工和轉口。對於活畜、肉類、禽類、畜產品、用藥物和新鮮農產品等方面的貿易，美國農業部制定了一些強制性標準，進入美國的肉、禽必須持有證書，證明符合美國檢驗標準方可進入美國市場。

（二）技術性貿易壁壘的特點

技術性貿易壁壘涉及的主要範圍不僅局限於工業產品、農產品等製成品，而且已擴展到產品生產過程、產品的使用或進口預期結果等。技術性貿易壁壘的主要特點如下：

1. 名義上的合理性

技術法規、標準和合格評定程序的制定一般是為了保護國家安全與消費者利益，因而具有合理性。

2. 形式上的合法性

技術法規、標準和合格評定程序主要是由政府部門或權威機構制定和頒布的，所以具有合法性。

3. 內容上的廣泛性

由於技術法規、標準和合格評定程序涉及的技術範圍廣泛，因此具有內容上的廣泛性。從產品角度看，不但包括初級產品，而且涉及所有的中間產品和工業製成品，產品的加工程度和技術水平越高，所受的制約也越顯著；從過程角度看，涵蓋了研究開發、生產、加工、包裝、運輸、銷售和消費整個產品的生命週期；從領域角度看，已從有形商品擴展到金融、信息等服務貿易及環境保護等各個領域。貿易技術壁壘的表現形式也極其廣泛，涉及法律、法令、規定、要求和程序等各個方面。

4. 手段上的隱蔽性

實施貿易技術壁壘有其合法的一面，但在另一方面，一些國家借合法貿易技術壁壘之名，行貿易保護主義之實。其往往以確保人類健康或安全，保護動、植物的生命或健康，或保護生態環境的面目出現，容易轉移人們的視線，因此具備隱蔽性。制定技術法規、標準和合格評定程序實際上是把標準和技術法規作為一種貿易壁壘，這通常是各國政府採用的一種不公開的、不透明的做法。

5. 實施效果的不公平性

儘管《TBT 協議》要求遵守非歧視性原則，但實際上，由於經濟技術水平等因素的制約，主要是發達國家實行貿易技術壁壘，而發展中國家較難達到要求，其貿易利益往往成為犧牲品。

6. 使用上的靈活性

不斷發展的技術（如檢驗技術的不斷改進）和技術壁壘的多樣性，為靈活運用技術壁壘提供了條件。

正是由於技術壁壘的上述特點比較容易實施，不像採取其他措施容易遇到報復，所以一些國家都願意利用技術壁壘進行貿易保護。

二、技術性貿易壁壘的發展趨勢

（一）自願性措施向強制性法規的轉化

在技術性貿易壁壘領域，有許多自願性的措施，如ISO9000、ISO14000、各種環境標誌認證、HACCP認證、有機食品認證等，以生產者自願為原則決定是否申請認證。但近年來，有些自願性措施正在與強制性措施結合併有向強制性法規方向轉化的趨勢。如歐盟2002年5月12日通過的《生態紡織品標籤指令》（2002/371/EC）將自願性認證轉為強制性規定；HACCP原來是食品安全技術標準，是自願性的，但歐盟在2006年1月1日起實施的食品衛生法規（EC852/2004）中，就把HACCP作為強制法規來推行。

（二）貿易技術壁壘與知識產權保護相結合

對外貿易中技術壁壘越來越多地以知識產權為支撐，或直接以知識產權構築貿易技術壁壘，如中國在DVD、彩電、打火機、電池、手機等產品出口貿易過程中遭遇的貿易技術壁壘，都反應出了這一趨勢。北汽福田公司也曾經遭遇到出口給美國的農用裝備外形上與美國已經申請專利的產品外形相似而產生的糾紛。《歐盟未來化學品政策戰略白皮書》甚至把知識產權保護範圍擴大到試驗數據，從而構成了技術含量更高的雙重貿易技術壁壘。

（三）重點從產品規格標準轉向人與環境保護

世界TBT通報量1995年為389件，2002年為642件，增長了65%；SPS通報量1955年為198件，2002年為840件，增長了3.2倍。以人類和動物保護和環境保護為主的SPS通報量2001年在數量上已超過了TBT通報量。歐盟2003年發布的重要貿易技術壁壘《報廢電子電氣設備命令》、《關於在電子電氣設備中禁止使用某些有害物質指令》和《歐盟未來化學品政策戰略白皮書》、《關於化學品的註冊、評估、許可和限制的諮詢文件》，都以保護人類和環境為借口。再如 2004 年美國開始強制推廣 SA8000 的社會責任標準認證，將勞工權利與訂單掛勾，借助這一手段，製造貿易壁壘。

三、發達國家技術性貿易壁壘的具體形式

（一）技術標準與技術法規

技術標準是指經公認機構批准的非強制性執行的、供通用或重複使用的產品或相關工藝和生產方法的規則、指南或特性的文件，有關專門術語、符號、包裝、標誌或標籤要求也是標準的組成部分。技術法規是指必須強制執行的有關產品或其相關工藝和生產方法，包括：法律和法規；政府部門頒布的命令、決定、條例；技術規範、指南、準則、指示；專門術語、符號、包裝、標誌或標籤要求。在質量標準方面，歐盟規定進出口商品必須符合 ISO9000 國際質量標準體系。目前，歐盟擁有的技術標準就有 10 萬多個，德國的工業標準約有 1.5 萬個，日本則有8,184個工業標準和 397 個農產品標準。美國針對每一種產品，包括其生產與進口行為都制定了相應的法律、法規和標準。而且美國立法部門眾多，美國 17 個政府部門及 84 個獨立機構都有權制定相應的技術性法規或標準。在立法層次上，既有聯邦技術法規，又有地方技術法規。例如在汽車方面，除了聯邦技術法規外，美國加州還制定了本州的特殊法規。據瞭解，僅 1980—2002 年，美國就制訂了約2,300個聯邦技術法規。

（二）合格評定程序

合格評定程序，即任何直接或間接用於確定是否滿足技術法規或標準有關要求的程序，一般由認證、認可和相互承認組成，

影響較大的是第三方認證。第三方認證是指由授權機構出具的證明，一般由第三方對某一事物、行為或活動的本質或特徵，經當事人提出的文件或實物審核后給予的證明，通常被稱為「第三方認證」。認證可以分為產品認證和體系認證。產品認證主要指產品符合技術規定或標準規定。其中因產品的安全性直接關係到消費者的生命健康，所以產品的安全認證為強制認證。歐盟對歐洲以外國家的產品進入歐洲市場要求符合歐盟指令和標準（CE）；北美主要有美國的 UL 認證和加拿大的 CSA 認證；日本有 HS 認證。體系認證是指確認生產或管理體系符合相應規定。目前最為流行的國際體系認證有 ISO9000 質量管理體系認證和 ISO14000 環境管理體系認證；行業體系認證有 QS9000 汽車行業質量管理體系認證和 TL9000 電信產品質量管理體系認證等。

（三）包裝和標籤要求

許多國家相繼頒布有關包裝的許多法律、法令，其中包括：

（1）除海關依法禁止進口商品採用可能對本國生態環境造成破壞的包裝材料之外，許多國家還採取立法形式，在本國範圍內禁止使用某些包裝材料；

（2）建立存儲返還制度；

（3）強制執行再循環或再利用法律；

（4）向生產包裝材料的企業徵收原材料稅；

（5）向產品生產企業徵收產品包裝稅（費）；

（6）採取徵收廢物費的方法來鼓勵可再循環包裝。

標籤是商品上必要的文字、圖形和符號。許多國家為了保護消費者利益，要求盡量向消費者提供產品質量和使用方法的信息，因而，對進口商品的標籤作了嚴格規定。如對易燃、易爆、腐蝕品、有毒品，通過制定有關法律來規定其標籤符合一系列的特殊要求。

近十幾年來發達國家相繼採取措施，大力發展綠色包裝，採取的措施主要有：

（1）以立法的形式禁止使用某些包裝材料。如立法禁止使用含有鉛、汞和錫等成分的包裝材料；沒有達到特定再循環比例的包裝材料；不能再利用的容器。

（2）建立存儲返還制度。許多國家規定，啤酒、軟性飲料和礦泉水一律使用可循環使用的容器，消費者在購買這些物品時，應向商店繳存一定的保證金。日本分別於 1991 年和 1992 年發布並強制推行《回收條例》和《廢棄物清除條例修正案》。

（3）稅收優惠或處罰，對生產和使用包裝材料的廠家，如果其生產的包裝材料或使用的包裝中是全部或部分使用可再循環的包裝材料而給予優惠稅率，以促進廠家使用可再生的材料。

歐盟對針織品等進口產品還要求加貼生態標籤，目前最為流行的生態標籤是 OKO - Tex Standard 100（生態紡織品標準 100），是紡織品進入歐洲市場的通行證。

（四）產品檢疫、檢驗制度

這些制度與措施具體包括：產品檢疫和檢驗的法規法律（如動植物檢疫法和進出口商品檢驗法）、法令、規定、要求、程序，特別包括最終的產品標準；所有檢測、檢驗、出證和批准程序；檢疫處理，包括與動植物有關或與運輸途中為維持動植物生存所需物質有關的要求在內的檢疫處理；有關統計方法、抽樣程序和風險評估方法的規定。受此影響最大的產品是食品和藥品。食品方面主要是農藥、獸藥殘留量的規定；加工過程添加劑的規定；動植物病蟲害的規定；其他污染物的規定；生產、加工衛生、安全的規定等。基於保護環境和生態資源，確保人類和動植物的健康，許多國家，特別是發達國家制定了嚴格的產品檢疫、檢驗制度。2000 年 1 月 12 日，歐盟委員會發表了《食品安全白皮書》，推行了內含 80 多項具體措施的保證食品安全計劃；從 2000 年 7 月 1 日至今，歐盟對進口的茶葉制定了新的農藥最高允許殘留標準，產品農藥殘留的最高允許殘留量僅為原來的 1/100 ~ 1/200。美國食品和藥物管理局（FDA）依據《食品、藥品、化妝品法》、《公共衛生服務法》、《茶葉進口法》等對各種進口物品的認證、包裝、標誌及檢測、檢驗方法都作了詳細的規定。日本依據《食品衛生法》、《植物防疫法》、《家畜傳染預防法》對入境的農產品、畜產品及食品實行近乎苛刻的檢疫、防疫制度。由於各國環境和技術標準的指標水平和檢驗方法不同，以及對檢驗指標設計的任意性，而使環境和技術標準可能成為貿易技術壁壘。

（五）信息技術壁壘

電子數據交換（EDI）和電子商務（EC）將是 21 世紀全球商務的主導模式，1994 年全球電子商務銷售額為 12 億美元，目前全球電子商務交易額正以近 10 倍的速度增長，至 2002 年全球電子商務營業收入達到 11,000 億美元。目前，發達國家在電子商務技術水平和應用程度上都明顯超過發展中國家，並獲得了戰略性競爭優勢；而發展中國家在出口時因信息基礎設施落后、信息技術水平低、企業信息化程度低、市場不完善和相關的政策法規不健全等因素而受到影響，在電子商務時代明顯處於劣勢；信息不透明，如合格評定程序；信息傳遞不及時，如技術標準更改；信息傳遞途徑不暢通等。這樣，在發達國家和發展中國家之間形成了新的貿易技術壁壘——信息技術壁壘。

（六）其他措施

其他措施，包括計量單位制、條碼等。很多出口商品能否順利銷售，有時取決於所使用的計量單位制。明顯的例子就是儀器、工具、夾具、模具等。有些國家抵制與本國計量單位不一致的商品進口。條碼是一種可供電子設備識別的符號系統。使用這一系統，能使物品符合市場自動掃描結算的要求。為實現快速、有效的自動識別、採集、處理和交換信息提供了保障，為商品進入超級市場提供了先決條件。目前，歐美各國的商品條碼普及率已達到90%以上。在一些發達國家裡，如果商品上沒有條碼，不能自動識別，就只能進入低檔商店。有的國家已提出限期在商品上印刷條碼的要求，否則不予進口。因此，有無條碼標誌已成為事實上的壁壘。

四、TBT案例和SPS案例簡述

(一) 歐盟——關於電子設備的標準①

【提出方】美國

【支持方】加拿大、泰國、馬來西亞

【首次提出時間】2000年7月

【解決情況】提出問題，溝通情況

【糾紛簡介】

在2000年7月的TBT委員會會議上，美國代表對歐盟電磁兼容（EMC）指令下的新的參考標準提出質疑。於2001年1月1日生效的新標準對信息技術產品以及所有其他電子設備的的低頻發射功率規定了強制性的限量。歐盟說此項規定保護了公共電網免受低頻發射的干擾。然而，美國認為此項新標準是對信息技術產品做成了嚴格要求。

美國代表提出，在先前與歐盟進行的磋商中，美國企業對此項標準的合理性提出質詢並建議選擇小限制、低成本的標準。美國代表指出新標準要求美國的公司對其在歐盟市場的產品進行重新設計，這會耗費數十億美元，並且最終會將這些增加的成本轉嫁給消費者來承擔。此項新標準在內容和範圍上明顯不同於其他市場為導向的自願性的行為標準。歐盟委員會在協調各成員的電磁兼容法規的法律文本中確定了它的強制性地位。

---

① http：//www.fiqi.gov.cn/WTO－TBT/CS/CS－16.htm.

美國代表認為歐盟應盡力確保此項標準花費最少的費用並且可行。美國已經要求歐盟推遲實施此項標準的時間，以便 IEC 在此期間制定這方面的國際標準。

加拿大、泰國、馬來西亞代表讚同美國代表的發言。

歐盟代表認為標準是根據 IEC 標準制度的，且不是強制性的，也可以通過提交技術文件來證明產品符合基本要求。該標準同樣適用於歐盟的企業。

美國代表對歐盟的發言表示歡迎。但是，將此事與委員會正在進行的關於國際標準的討論聯繫起來，認為這應該屬於國際標準不能反應所有成員利益的情況。這項 IEC 標準的制度是由歐盟控製的，由歐洲電工委員會（CENELEC）起草，目前也沒辦法對其進行修改。美國代表指出美國企業對歐盟提到的替代方法也十分關注，並在今后還要繼續關注該問題。

【評析】

該糾紛體現了積極參與國際標準化工作的重要性，歐盟利用參與 IEC 標準起草的有利時機，使相應的 IEC 標準體現了自己的技術水平和思維方式。《TBT 協議》規定，符合國際標準的各國規定就可以認為沒有對貿易造成不必要的限制，除非提出反證。歐盟就是利用這一點在本糾紛中占據了相對有利的地位。同時，歐盟的標準是非強制性的，還有其他方法可以證明產品符合基本要求。這也是為什麼美國沒有在這個問題上窮追不舍的原因。

（二）印度——強制性標籤要求及認證規定①

【提出方】美國

【支持方】加拿大

【首次提出時間】2001 年 3 月

① http：//wto - tbt. cnzjqi. com/anlie/show - news. html？newsid = 10469.

【解決情況】美國提出問題，印度尚未答復

【糾紛簡介】

在2001年3月的TBT委員會會議上，美國代表提請大會關注印度商務部2000年11月24日頒布的《對外貿易總則》。該法規有兩處修改：

(1) 對所有用於零售的預包裝進口貨物實施強制標籤要求。

(2) 對131種產品按照印度標準局（BIS）的要求進行認證。該法規事先沒有通報，便於2001年1月2日起正式實施。美國要求印度對該法規進行通報，以便有關方面進行評議。卻被印度告知，由於印度有關規定是非歧視性的，不會形成貿易壁壘，因此印度不必進行通報。美國代表認為這是令人費解的，因為《TBT協議》要求各成員對所有可能對貿易產生重大影響的技術法規（包括修改）進行通報，除非該法規符合有關的國際標準。這些規定是為了給有關貿易方進行評議的機會，適應新的要求。評議期也為解決有關問題提供了機會，包括在有關措施執行前解決其與WTO規則不一致的問題。美國代表總結說，《TBT協議》賦予美國的權利遭到了印度的拒絕。

美國對以下問題表示關注：

(1) 供應商缺乏合理的時間適應新的要求；

(2) 對不易變質產品要求在標籤上標明包裝年、月、日期和最高零售價格的合理性；

(3) 該法規將額外費用強加給生產者和消費者的合理性；

(4) 某些產品被免除標籤要求的原因；

(5) 印度標準局的作用以及生產商和出口商必須向其註冊的原因；

(6) 標籤要求的涵蓋範圍。

加拿大代表讚同美國代表的意見，認為有關成員方的通報義務是一個體制問題。

印度代表說將向國內有關部門轉達美國的關注。

【評析】

《TBT協議》規定的透明度義務就是為了使各成員制定技術法規的過程接受監督，從而盡量避免違反協議規定的技術法規的出抬。印度認為法規不具有歧視性就沒有必要通報的觀點是毫無道理的，因為歧視性只是協議規定的一個方面，況且是否有歧視性也不是印度自己就能判斷的。從美國提出的問題來看，印度的大多數規定對貿易造成了不必要的障礙。

（三）歐盟——關於輸氣管閥門的標準①

【提出方】美國

【首次提出時間】1996年6月

【解決情況】歐盟承諾遵守《TBT協議》的規定

【糾紛簡介】

在1996年6月的TBT委員會會議上，美國代表提請大會關注歐盟的一項關於輸氣管閥門的標準。美國代表指出，美國一公司生產的輸氣管閥門一直順利地在歐盟成員國內銷售，但1998年以來，歐盟成員逐漸制定了以產品的設計而非性能或安全特徵為基礎的標準。因此，這種產品只得逐個通過歐盟各成員的批准才能在市場上銷售，但又無法符合那些以設計特徵為基礎的標準。曾有一段時間，這種產品劃歸歐盟認證（CONFORMITE EURODEENNE，CE）標誌指令的管轄範圍內，英國標準協會（BSI）據此發放了CE標誌。但后來歐盟委員會採納了某成員的建議，將這種產品從CE標誌指令的管轄範圍內撤出。BSI從而收回了CE標誌。這種產品不能在歐盟市場上銷售只是由於它無法符合那些以設計特徵為基礎的標準，而並不是由於安全原因，因為它通過了所有安全測試。

① http：/wto－tbt. cnzjqi. com/anlie/show－news. html？newsid＝10444.

美國在政府及標準化機構的層次上分別與歐盟各國進行了多次磋商，現該產品在比利時已獲批准，與英國的交涉也取得了進展。然而，歐洲標準化機構（CEN）成立了一個技術委員會，欲制定在整個歐盟境內實施的標準，這個標準很可能以其各成員現行標準為基礎，而其他世貿組織成員沒有機會參加CEN標準的制定過程，因此不能及時得到信息。美國代表指出，世貿組織各成員應履行《TBT協議》規定的義務，無論是強制性的技術法規還是自願性的標準都應以性能而非設計特徵為基礎制定，在制定規定時還應考慮國際標準，輸氣管閥門的相關國際標準也均是建立在安全特徵的基礎上的。美國希望歐盟考慮修改它的標準以符合《TBT協議》的要求。

歐盟代表答復說，CEN接受《關於制定、採用各實施標準的良好行為規範》並會遵守該規範的相關規定。只要適當，CEN將按照產品的性能而不是按照其設計或描述特徵來制定標準。

【評析】

《TBT協議》第2.8條規定：「只要適當，各成員即應按照產品的性能而不是按照其設計或描述特徵來制定技術法則。」歐盟各成員制定的關於輸氣管閥門的「標準」具有強制性，影響了美國產品在歐盟境內的銷售，按《TBT協議》的規定，應屬於技術法規範疇。這些「標準」不符合協議書的規定，因此，歐盟承諾CEN制定的「標準」將以產品的性能為基礎。

（四）比利時——勞工標準標籤的規定[1]

【提出方】埃及

【支持方】中國香港、巴西、印度、加拿大、阿根廷、馬來西亞等東盟國家和地區、巴基斯坦

---

[1] http://wot-tbt.cnziqi.com/anlie/show-news.html?newsid=10478

【首次提出時間】2001 年 3 月

【相關文件】GFFBT/N/BEIJ2

【解決情況】比利時尚未實施相關法規，雙方溝通了情況，闡明了立場

【糾紛簡介】

在 2001 年 3 月的 TBT 委員會會議上，埃及代表提請大會關注比利時一項旨在促進企業的社會責任的法規草案。該法規要求產品加貼符合國際勞工組織（ILO）標準的標籤。

該項法規涵蓋了貨物貿易和服務貿易的廣大領域，一旦採納，將對國際貿易造成空前的障礙。發展中國家反對將貿易與勞工標準相聯繫，敦促比利時重新考慮該法規對國際貿易的影響，特別是對發展中國家貿易的負面影響。中國香港代表認為比利時對標籤的規定不應建立在與產品不相關的生產和加工方法（PPM）基礎上。他指出，該類措施是否符合世貿組織的規定，曾經在世貿組織引起了激烈的爭論，至今尚未達成一致意見。他還對該類措施造成歧視性后果表示關注。他要求提供以下進一步的信息：該規定是強制性的還是自願性的？該規定的適用範圍是否包括整個歐盟在內？標籤標準是如何制定的？它如何適用於服務貿易？標籤所使用的準確語言是什麼？是否與進口商進行過磋商？是否對使用和不使用標籤對產品和服務競爭力的影響進行過評估？

巴西代表對有關的關注表示讚同，要求對法規中「另外，標籤會促進發展中國家建立對社會負責的企業」的表述作出解釋。

印度代表讚同有關國家提出的關注，敦促比利時重新考慮該法規。他認為勞工標準不屬於世貿組織的管轄範圍。

加拿大、阿根廷代表也對該法規表示關注。

馬來西亞代表支持上述各成員的意見。她認為該類措施實

際上限制了貿易，而且並不是在世貿組織規則框架下實施的。比利時的單邊措施違反了新加坡部長會議宣言，該宣言反對使用勞工標準進行貿易保護，國際勞工組織（而非世貿組織）才是制定並處理勞工標準的組織。比利時的措施不符合世貿組織的規則，不應實施。即使該法規是自願性的，比利時考慮採取該類措施，要求充當人權狀況裁決者的態度也是令人不安的。它違反了以平等互利為基礎的多邊貿易規則，她不相信該法規能夠促使發展中國家發展對社會負責任的企業。她想知道如果比利時授權自己這麼做，為什麼該類措施要針對發展中國家。她認為比利時應當以與不同發展水平國家的需要和關注相吻合的方式，採取積極的、建設性的措施，來提高生活水平、保障就業、擴大貨物貿易和服務貿易。東盟國家認為，該法規是歧視性的，會對貿易造成不必要的障礙，還會引發與世貿組織無關的勞工問題。她敦促比利時撤銷該法規。

巴基斯坦代表讚同埃及、印度和馬來西亞認為該問題不屬於世貿組織管轄範圍的意見。新加坡部長會議對此作出了明確的決定。會議敦促比利時撤銷該法規。

歐盟代表重申標籤是TBT委員會需要討論的問題。對於比利時的法規，他確認那只是比利時議會的一項草案，該提案尚處於採用程序的初期，發出的通報是為了供各成員方評議。歐洲議會在收到對草案的意見后，將轉交比利時政府。同時，該草案是一項自願性方案，其實施範圍並不包括整個歐盟。

【評析】

是否符合勞工標準作為人權狀況的一個方面屬於國際勞工組織的管轄範圍，而不是一個貿易問題，它與產品成本的品質、安全性也沒有直接關係，所以不應與貿易掛勾，更不能以此作為阻礙貿易的手段。況且人權問題與各國的政治制度、經濟發展以及文化背景有很大關係，是一個十分敏感的政治問題，各國的觀點並不完全相同，比利時將自己對人權的理解強加於世貿組織其他成員的這種行為不但對貿易造成了不必要的障礙，違反了《TBT 協議》規定的原則，而且對其他國家主權的侵犯，勢必遭到廣大世貿組織成員的堅決反對。

第三節　中國應對技術性貿易壁壘的對策

一、中國工業品應對技術性貿易壁壘的對策研究

（一）實施出口可持續發展戰略

當前，隨著國際環保浪潮的興起，綠色壁壘已成為 TBT 新的發展方向。重視環境保護、消費者保護，實現可持續發展已是大勢所趨，要保持中國出口穩定、可持續發展，就必須順應這一形勢的需要。為此，一是應樹立可持續發展觀念，認真協調對外開放與環境保護兩項基本國策，使對外貿易與環境保護相互促進，共同發展。二是要樹立環境競爭力意識，把提高環境質量、促進科技進步作為提高出口競爭力的重要手段，以綠色產業提升出口產業結構作為重要內容。企業應把開發綠色產品作為優化產品結構，擴大國際市場份額的重要舉措，從源頭做起，保證加工材料的質量，切實從生產環節、加工環節及儲運環節提高產品質量，努力增加其附加值，堅持走「以質取勝」的道路，實現出口貿易的可持續發展。

（二）實施出口產品標準化戰略

為實現這一目標，一是主動參與國際標準的制定、修訂和協調工作。目前國際上採用的標準很多是發達國家的國家標準或企業標準轉化而來的，充分反應了發達國家的利益和經濟技術水平，這對發展中國家是極為不利的。因此，積極參與制定

國際標準和協調工作，不僅能讓我們跟蹤國際標準動態，而且還能使國際標準反應我們的利益和要求。這對於我們突破 TBT 是有利的。二是積極開展國際認證工作。從國際貿易發展的趨勢看，一國的產品進入國際市場需要獲得「通行證」，即 ISO9000 質量管理體系認證和 ISO14000 環境管理體系認證。通過國際認證的企業和產品，意味著在國內外有良好的信譽和市場競爭力。據國家標準化管理委員會提供的數據，中國現有國家標準19, 278項，但其中採用國際標準和國外先進標準的僅占 43. 5%，由中國主導制定的國際標準寥寥無幾。因此，我們一方面要積極採用國際標準，開展國際認證工作，融入經濟全球化之中；另一方面，也要積極制定自己的標準，特別是要盡快將我們自己的技術優勢置入標準，以保護我們的民族工業。只有這樣，我們才能在未來的競爭中掌握主動權。

（三）加強國際間的交流與合作協調方式跨越技術性貿易壁壘

應對 TBT 的措施是多層次的，其主體既包括政府，也包括企業等。首先，在 GATT/WTO 框架之內進行協調。1974 年在東京回合談判中達成了《標準守則》，在烏拉回合談判中達成了《TBT 協議》，對技術條例與技術標準的制定、採納和實施，技術條例和標準的檢驗程序，信息和援助義務等做出了規定，旨在使標準國際化、統一化，減少和取消貿易技術壁壘。另外，WTO 設立了對各成員開放的貿易技術壁壘委員會，以提供磋商機會，監督協議的執行。其次，可以通過加強區域合作與協調解決問題。區域集團為了統一內部政策，減少貿易壁壘，或者直接制定貿易法規，或者在法規中引用標準，達到區域內標準的協調一致，克服彼此之間的貿易技術壁壘。如歐洲共同體理事會在 1985 年 5 月的一項決議中決定，在有關的法規中參照使用歐洲標準的原則，從而鋪平了歐洲標準化的道路。最后，通過國與國（地區）之間的協調解決問題。通過進一步加大多邊、雙邊對外協作力度，爭取能逐步彼此承認各有關機構的檢驗、檢疫證書，也有利於簡化手續，便利出口。中國應加強國際間的交流與合作，合理運用 WTO 規則，通過協調方式跨越發達國家設置的技術性貿易壁壘。

（四）構建中國的國際貿易技術性貿易壁壘體系

首先，為了國家的生態和經濟安全，保護人類及動植物的生命或健康，保護環境，合理有效地保護國內幼稚產業，中國應參照國際規範建立自己的技術性貿易壁壘體系。這樣，一方面可以促使中國國內企業加強對 TBT 的認識，改進生產以適應各種先進標準；另一方面，也可構築中國的 TBT 體系，防止某些發達國家利用加工貿易和投資向中國轉移高污染產業；同時，也可使外國有所忌憚，減少歧視性的技術規定。其次，政府有關部門應盡快建立國外技術壁壘的預警機制，加強對國外技術壁壘的研究，及時收集、整理和跟蹤國外技術壁壘及措施，建立 TBT 信息中心和數據庫，並及時反饋給有關部門和企業，使他們做好防範工作，採取積極措施，突破國外的技術壁壘。如導致溫州打火機出口受阻的歐盟 CR 標準，由於中國缺乏對國外 TBT 預警機制的瞭解，雖然 2002 年 3 月中國有關部門及溫州企業代表團赴歐交涉，中方認為這違背了 WTO 基本原則和《TBT 協議》的有關規定，事實上構成了對中國打火機產品和產業的歧視，要求歐盟制定一個公平合理的標準取代目前的 CR 標準。歐盟各國標準化機構普遍對中國立場表示理解，也對安全標準不應與價格掛勾的觀點基本認同，但由於交涉之時，CR 標準草案經過數年的討論已基本成型，阻止這一標準通過的時機已經錯過，從而導致中方在這場打火機標準之爭中處於十分被動的地位。

（五）鼓勵企業通過對外直接投資直接跨越技術性貿易壁壘

對於一國和一個國際化的企業來說，對外直接投資的一個重要功能之一，在於其可以避開或繞過國際貿易中的關稅或非關稅壁壘。當然，中國面對國外的技術貿易壁壘也應該發揮對外直接投資的作用，鼓勵國內企業開展對外直接投資，實現跨國經營。對此，中國企業可以開辦獨資、合資生產企業的形式，不僅可以在發達國家當地設立研究中心，利用當地人才，緊跟國際消費潮流，而且可以利用當地資金、原材料，節約運輸成本等多項成本。鼓勵企業開展對外直接投資，是應對新興國際貿易保護主義最有效的辦法之一。原國家商務部部長薄熙來在2007年1月15日全國商務工作會議上說，2006年中國企業「走出去」成效顯著，實現對外直接投資（ODI）161億美元，同比增長32%。同時他表示，2006年中國實際吸收外商直接投資（FDI）630億美元，同此增長5%，扭轉了上年的下降局面。中國企業投資走出去才剛剛開始，工業園區建設和加工製造業將是投資中所占比例相對較小，但近幾年發展卻很快。有數據顯示，中國在2003—2005年的ODI分別為29.55億美元和122億美元，平均每年大約以100%的速度增長。雖然和往年ODI增長速度相比，2006年30%的增長幅度有所下降，但未來中國ODI的增長趨勢很樂觀。

（六）重視雙邊與區域合作和協調機制

除了靈活利用多邊貿易體制維護本國的利益外，主要發達國家和越來越多的發展中國家都特別重視雙邊、區域合作和協調機制，實現貿易便利化。以最典型的相互認可協議為例。相互認可協議可帶來下列利益：本國廠商能夠在生產所在地獲得認可而無須支付高額的離岸認證費用，從而能夠直接將產品從產地運往最終銷售點；實現一種產品一次認證，從而大幅減少貿易障礙；加快產品投放市場的速度，這對像電子產品等對變化高度敏感的行業來說尤為重要。據估計，美國與歐盟相互認可協議的履行能夠節省 6 ~ 8 周的時間。中國應順應當今世界經濟格局，利用多邊、區域與雙邊等多種合作和協調機制，做到「十指彈鋼琴」而不能僅僅借助於一種機制，畢竟我們所處的是一個多極化的時代。在此背景下，中國作為亞太經濟合作組織（Asia - Pacifie Exonomie Cooperation，APEC）的成員，理應特別關注 APEC 為減少 TBT 所作的努力。

二、中國農產品出口應對技術性貿易壁壘的對策研究

積極應對國外技術性貿易壁壘，實現中國農產品技術性貿易壁壘的跨越，是一項長期複雜的系統工程，需要從戰略上以及宏觀與微觀結合上把握未來農產品貿易發展的趨勢和方向，正確制定中國農產品長期發展的戰略規劃和應對技術性貿易壁壘的思路；積極引導和幫助國內企業提高技術、服務和管理水平，應對和突破國外的技術性貿易壁壘，增強和保持中國農產品出口在國際市場尤其是發達國家市場的競爭力。近年來尤其是加入 WTO 以后，國際上針對中國農產品貿易設置的障礙日益增多，愈演愈烈。要盡快消除發展中國農產品貿易的制約因素，增強和保持中國農產品在國際市場尤其是發達國家市場的競爭力，為擴大中國農產品出口、帶動國內農業發展而制定一系列政策措施。努力營造公平、健康、可持續的貿易環境，積極引導和幫助國內企業提高技術、服務和管理水平，應對和突破國外的技術性貿易壁壘，不斷開拓國際市場，擴大出口貿易。

作為 WTO 成員，中國可充分運用 WTO 的有關規定和協議，如利用協議中對發展中國家的例外條款，來處理與成員的農產品貿易關係。同時，健全中國農產品質量標準體系與認證體系，並與國際標準接軌；增加對農業的投入，提高農產品的質量和附加值；加強農產品的檢驗檢疫，執行國際技術標準。

（一）運用透明度原則，建立技術性貿易壁壘信息中心

《TBT 協議》要求成員公布其技術法規，解答相關利益當事國提出的問題，保證其法律的透明度；各國相互間提供必需的諮詢、資料乃至援助。根據這一原則，有關政府部門應盡快建立起強有力的技術性貿易壁壘信息中心，提前獲知其他成員TBT 的最新動向，並將信息及時傳遞到有關農業部門，適時採取對策，反饋到各成員產品生產加工部門、經營單位和出口企業等。同時，廣泛宣傳 TBT 方面的有關資料要求和趨勢，逐步建立起中國對外貿易的 TBT 預警機制。此外，由於 WTO 的《TBT 協議》要求個締約方定向為各成員提供資料，接受不定期諮詢，中國也應當將所制定的各理的 TBT 措施及時地介紹給其他國家和地區。

（二）運用「例外條款」，構建中國的技術性貿易壁壘體系

發達國家憑藉其發達的科技制定了先進的國內技術標準，構築了一些中國農產品無法逾越的壁壘。要突破這一壁壘，必須在遵守國際上有關衛生和動植物檢疫標準的同時，有意識地利用 WTO 的《TBT 協議》的「例外條款」，根據中國的民族、資源、氣候、基本技術等實際情況，合理構建中國的技術性貿易壁壘體系。這樣，既可以通過技術標準以及相關的動植物檢疫措施，阻止某些商品進口，保護國內市場；又可以提高和統一農產品的品質，幫助農產品企業更好的進入國外市場。有關政府主管部門應加強這方面的工作，進一步提高中國農產品的生產、加工和流通中的管理水平，用法律、法規等多種形式完善國內農產品市場的技術標準、法規和合格認定程序，嚴格執法，認真執行。

（三）運用「綠箱」政策，扶持農產品及其出口企業

中國農產品生產高度分散，如果讓數以億計的農民直接花錢購買農業技術成果和有償技術服務，對技術推廣者直接收費

是行不通的。因此，對一些公共性的農業科技成果的應用和推廣，只能實現有限的商品化，其余研發、應用和推廣成本要靠政策扶持和財政補貼。WTO《農業協議》中的「綠箱」措施包括：一般農業服務支出（如農業科研、病蟲害控製、培訓、推廣和諮詢服務，檢驗服務，農產品市場促銷服務，農業基礎設施建設等）、自然災害救濟補貼、農業結構調整投資補貼、農業環境保護補貼等內容，中國尚有6項是空白，中國可在WTO農業保護框架下利用「綠箱」政策措施，加大農產品質量檢疫制度、農業品信息服務體系、農業科研、技術推廣和病蟲害防治的投入，從而加快農業技術創新，全面提高農產品出口競爭力。

（四）運用全面質量管理機制，保證農產品整體質量

農產品的生產實施「從土地到餐桌」的全面質量管理，可以保證產品的整體質量。生產前由定點環境監測機構對產地環境質量進行監測和評價，以保證生產地域沒有遭受污染；生產過程中，有委託管理機構派檢查員是否按照有關法規、標準進行生產，以證明生產行為對產品質量和產地環境質量是有益的；產后由定點產品監測機構對最終產品進行監測，確保最終產品質量。實施全面質量管理不僅強調產中環節的技術投入，而且要求在產前和產后環節追加技術投入，從而有利於推動了農業和食品工業的技術進步。

（五）開發綠色食品產業，建立食品衛生註冊制度

綠色食品是遵循可持續發展原則，按照特定生產方式生產，經專門機構審定，許可使用綠色食品標誌的無污染、安全、優質、營養類食品。中國具有開發綠色食品的得天獨厚的條件和優勢。但中國出口的綠色食品要在國際市場中佔有一席之地，除了以自然資源為依託外，採取專業化生產和規模化、集團化經營是必然的選擇。應考慮扶持一批綠色食品出口企業，實行貿工農一體化和企業集團化經營，可採取「公司+農戶」的組

織形式，實行綠色食品出口生產的規模化經營。此外，為保護中國消費者的健康，還應建立食品衛生註冊制度。例如，中國對進口肉類和水產品尚未全面實行食品衛生註冊制度，美國等國家的凍雞產品或明或暗地大量湧入，對中國肉雞飼養業和凍雞出口造成很大的衝擊。對此，可以借鑑歐盟等發達國家的做法，建立中國自己的食品衛生註冊制度，既可以保護消費者的健康，也可以作為建立中國市場技術保護體系的試點。

（六）運用技術手段，發揮檢驗檢疫部門的作用

商務部調查顯示，中國有 90% 的農業及食品出口企業受國外技術貿易壁壘影響，造成每年損失約 90 億美元。出口受阻的產品從蔬菜、水果、茶葉到蜂蜜，進而擴展到畜產品和水產品。國外實施的技術性貿易壁壘已成為制約中國農產品出口的最大障礙。這些國家採取技術壁壘的主要方法是增加檢疫項目、提高檢驗標準等。出入境檢驗檢疫部門處在中國對外貿易的前沿陣地，作為中國應對和實施技術壁壘戰略的主體，要積極主動地參與構築中國技術壁壘的工作。如認真研究發達國家的 TBT 狀況，掌握國外檢驗檢疫標準法規，引進國外先進的檢測設備，提高檢驗檢疫水平，利用技術手段突破發達國家的 TBT 措施。例如，天津水稻出口日本時曾受 TBT 阻礙，檢驗檢疫部門經過多年研究找到有效的辦法，既可殺滅病害，滿足日本方面的衛生指標，又不增加企業過多成本。經和日本有關方面談判，最終促使日本解除了對中國出口的禁令。

第四節　動植物衛生檢疫措施

《實施動植物衛生檢疫措施協議》（Agreement on the Application of Santitary and Phytosanitary Measures，SPS Agreement）通常

簡稱《SPS 協議》。它是烏拉圭多邊貿易談判達成的一項新協議，其主要內容有：基本權利與義務、檢疫保護、地區條件、透明度、控製、檢查、通知程序、特殊和差別待遇。協議承認每個成員方政府有權採取動植物衛生檢疫措施，但這些措施必須以科學為基礎，況且實施這些措施的目的是保護人類和動植物的生命和健康，而不應該在情況相同和相似的成員方之間採取不公正的差別待遇。《SPS 協議》雖然表明為了動植物的安全和健康，實施動植物檢疫制度是必需的，但是更強調動植物檢疫對貿易的影響要降到最低限度，不能構成對貿易的變相限制。並把關貿總協定的等同原則、透明度原則引申到《SPS 協議》中，成為動植物檢疫應遵循的規則。

一、動植物衛生檢疫措施產生的背景

動植物衛生檢疫措施既是為改善人類和動物健康以及保護生態環境所制定的國際貿易規範，又是對貿易商品中的動植物及其產品使用衛生和植物檢疫措施的國際貿易準則，其目標是最大限度減少對貿易的不利影響和促進貿易商品使用衛生和植物檢疫措施的標準化和國際化。烏拉圭回合農業問題的談判是《SPS 協議》產生的直接原因。在農產品非關稅措施關稅化后，人們擔心一些國家可能會更多地和不合理地使用衛生和植物衛生檢疫措施形成新的非關稅《壁壘》，《SPS 協議》就是為了消除這種威脅而制定的。當前，《SPS 協議》正成為國際貿易的熱點，這是因為在經濟發展和社會進步的同時，人類和動植物卻面臨著更多的安全挑戰，如瘋牛病、禽流感、口蹄疫、果蠅和愛滋病等。有些病蟲如松樹線蟲，一旦由出口產品帶入進口國，很容易在進口國領土上「定居」繁衍，造成危害。於是目的明確、用意良好的、《SPS 協議》措施產生並在國際貿易中得到了應用。

二、《SPS 協議》的基本內容

《SPS 協議》共有 14 條 42 款和 3 個附件，其內容豐富，涉及面廣。這 14 條包括：總則、基本權利和義務、協調性、等同性、危險評估以及合理的衛生動植物檢疫保護程度的測定、順應當地情況、透明度、控製和檢驗及認可程序、技術援助、特殊和區別處理、磋商與爭端解決、管理、執行、最后條款。3 個附件分別是：定義、透明度條例的頒布、控製和檢驗及認可程序。《SPS 協議》的主要內容如下：

（一）科學依據

各成員應確保任何動植物衛生檢疫措施的實施都以科學原理為依據；沒有充分科學依據的動植物衛生檢疫措施則不再實施；在科學依據不充分的情況下，可臨時采取某種 SPS 措施，但應在合理的期限內作出評價。

當今世界，科學技術日新月異，人們研究科學、發展科學的意識很強。《SPS 協議》緊緊地抓住這一點作為該協議的基本權利和義務，其目的是把《SPS 協議》這個緊密聯繫貿易的規則建立在科學基礎上。

（二）國際標準

國際標準指三大國際組織制定的國際標準、準則和建議，強調各成員的動植物衛生檢疫措施應以國際標準、準則和建議為依據。符合國際標準、準則和建議的 SPS 措施被視為保護人類、動物和植物的生命和健康所必需的。

（三）等同對待

如果出口成員對出口產品所采取的 SPS 措施，客觀上達到了進口成員適當的動植物衛生檢疫保護水平，進口成員就應當接受這種 SPS 措施。

（四）風險分析

風險分析是進口成員的專家對進口產品可能帶來的有害生物的繁殖、傳播、危害和經濟影響作出的科學理論報告。該報告將是一個成員決定是否進口該產品的理論依據，或叫決策依據。風險分析強調適當的動植物衛生檢疫保護水平，並應考慮將貿易不利影響減少到最低程度這一目標。通常分析報告通過時，那麼，該產品的進出口就有可能成為現實，否則，進口成員的限制或禁止措施將繼續維持。

（五）非疫區概念

檢疫性有害生物在一個地區沒有發生就是非疫區。例如，地中海實蠅或非洲豬瘟在北京地區沒有發生，那麼北京地區就是非疫區。《SPS 協議》將非疫區定義為經主管單位認定，某種有害生物沒有發生的地區，這可以是一個國家的全部或部分，或幾個國家的全部或部分。確定一個非疫區大小，要考慮地理、生態系統、流行病監測以及 SPS 措施的效果等。各成員應承認非疫區的概念。出口成員聲明其境內某些地區是非疫區時，應提供必要的證據等。一個國家非疫區裡生產的產品不會受出口檢疫的限制；同樣道理，一個國家疫區裡生產的產品將不能出口。

（六）透明度原則

透明度指各成員應確保所有動植物衛生檢疫法規及時公布。除緊急情況外，各成員應允許在動植物衛生檢疫法規公布和生效之間有合理的時間間隔，以便讓出口成員，尤其是發展中國家成員的生產商有足夠的時間調整其產品和生產方法，以適應進口成員的要求。設立 SPS 諮詢點、負責對感興趣的成員提出的所有合理問題提供答復，並提供有關文件。這就要求我們事先及時瞭解進口國的 SPS 規定，就會減少或避免出口的盲目性。澳大利亞和新西蘭是大洋洲的一對兄弟國家，關係甚密。然而，由於澳大利亞對新西蘭的蘋果限制進口，導致「兄弟反目」，引發了口水戰。

（七）SPS 措施委員會

SPS 措施委員會的職能是執行《SPS 協議》的各項規定，推動協調一致的目標實現。它鼓勵各成員就特定的 SPS 措施問題進行不定期的磋商或談判。鼓勵所有成員採取國際標準、準則和建議。它與國際營養標準委員會（CAC）、世界動物衛生組織（OIE）和國際植物保護公約（IPPC）組織保持密切聯繫，擬定一份對貿易有重大影響的動植物衛生檢疫措施方面的國際標準、準則和建議清單。SPS 措施委員會可及時協調或解決各成員間的 SPS 問題，並直接影響各成員 SPS 措施的制定或修訂，把可能發展成為打官司的 SPS 爭端問題解決在萌芽階段。

第五節　中國應對 SPS 貿易壁壘的對策

一、補充、完善中國標準體系

中國尚未建立關於標準的法律體系，有關標準的法律也極不健全，一些應該制定標準的行業、產品沒有標準，無標準生產的現象已經屢見不鮮。制定農產品標準方面的工作相對滯后，且有些標準低於國際標準，這不利於中國外向型農業的發展。農產品出口要避免 SPS 的限制，就必須採用符合《SPS 協議》規定的標準。這就要求完善中國的法律，認真研究有關的國際組織制定的國際準則和標準，在相關立法中明確規定國際標準，並參照國際標準制定中國農產品技術標準。據瞭解，歐盟、美國等 32 個較發達國家和地區僅在食品方面就已制定了 427 種農藥殘留量標準。因此，為保證農產品順利的檢驗出口，必須盡快完善標準制度。這可以從加強對進口農產品的檢驗檢疫入手，對進口農產品採取合理的 SPS 措施，加緊制定各修改動植物檢驗檢疫標準，在此基礎上加快行業標準的制定和發布。除此之外，中國還應當積極參與國際組織及其活動，特別是食品法典委員會、國際獸疫組織和國際植物保護公約秘書處的活動、國際標準制度動態、積極參與國際標準的起草制定，在標準制定方面爭取更多的發言權，充分發揮中國檢疫專家在國際組織中的作用，維護國家利益；研究落實國家標準的措施，促進國際標準在中國的實施，使中國能在農產品出口中掌握主動權。

二、建立 SPS 措施的預警機制

農產品生產週期長，生產、加工、包裝、運輸環節較多。如果等待進口國對中國農產品提出新的要求再去提高和適應就會很被動，甚至造成很大的損失。因此，充分利用世貿組織規則，建立農產品出口預警機制，是中國農產品進行自我保護、增強競爭力的根本保證。SPS 措施影響大、涉及面廣，對其稍有疏忽就會給出口方帶來嚴重的損失。所以，如果說某個 WTO 成員採取了一項對某種產品會造成重大損失的 SPS 措施，那麼這項措施立即會得到所有此種產品出口方的重視。美國由聯邦政府負責標準化工作的國家標準技術院，向幾個主要國家派出代表，調查研究所駐國的標準化、技術法規的情況，還派人常駐布魯塞爾，專門收集歐洲標準化的情況。日本、澳大利亞等密切注意歐洲的標準化工作，研究對策。韓國曾要求派一名代表常駐中國國家質量技術監督局，也是出於相同的目的。因此，中國應建立專門的機構，收集、研究中國主要出口產品及主要貿易國家可能採取的技術壁壘措施。根據《SPS 協議》透明度的規定，各成員應設立一個諮詢點，負責 SPS 措施及標準的通報和諮詢工作，並提供有關文件。這個諮詢點既要向 WTO 進行通報，又可以從 WTO 獲取來自其他國家相應的通報。我們應當充分利用諮詢點這個窗口，收集相關信息，全面掌握其有關標準要求以及最新動態，瞭解其 SPS 措施的細節，建立預警機制為國內企業提供服務。使國內企業可以利用這個渠道，及時地獲得信息，盡早採取應對措施，避免或減少因技術壁壘造成的損失。

三、建立專門的諮詢和信息服務機構為出口商服務

目前，農產品出口企業在出口其產品時，已經要面臨相當複雜的問題，而且涉及範圍廣。產品出口和其他活動一樣，需要各方面完整準確的信息資料。為此，可以成立全國性的專門為出口企業和出口商提供技術服務的諮詢機構。例如，法國建立了出口商品標準和技術法規服務處，英國成立了出口商品技術服務處（簡稱 THE），新西蘭也建立了出口商品技術服務處，美國、瑞典、日本等也有類似功能的機構。中國也可建立類似機構，為出口企業作好諮詢服務。關鍵是要對 WTO 成員，特別是中國主要貿易夥伴的有關措施、標準和合格評定的信息進行系統、全面地收集、研究和諮詢。與此同時，要認真研究這些國家的檢測方法、檢測標準，幫助國內企業改善產品結構，淘汰落后的生活方式和初級產品，跨越技術性貿易壁壘的障礙，為國內企業爭取更多、更好的發展空間。

四、檢驗檢疫部門應增強服務意識，加大支持農產品出口的力度

中國是個農業大國，農產品出口是創匯的重要途徑。目前國際農產品市場對安全、衛生、環保的要求越來越高，SPS 措施的運用越來越普遍，使農產品出口形勢更為複雜。農產品檢疫與出口關係密切，合理地利用技術手段，有效維護國家和國內

產業利益，積極打破發達國家設立的技術壁壘，幫助國內企業不斷適應WTO規則和國際技術發展的趨勢，開拓國際市場，這是中國檢驗檢疫部門面臨的現實而緊迫的任務。檢驗檢疫部門應堅持既把關又服務的方針，充分發揮自身優勢，打破國外檢疫限制，積極為中國農產品打入國際市場創造條件。檢驗檢疫部門應發揮人才、技術、信息和檢測設備的優勢，積極開展技術諮詢和技術服務，通報出口農產品質量情況，介紹國際市場動態和對產品的新要求；在出口農產品收購、加工、貯存、保鮮、運輸、銷售等各個環節上，提供質量安全、衛生方面的技術服務；積極支持農業部門引進優良品種，支持品種改良、品種更新和新品開發推廣等；擴大與有關國家磋商，開展農副產品市場准入談判，推進優質農產品順利出口。

五、善於運用WTO爭端解決機制

WTO不同於其他經濟組織的一個核心方面就是它有準司法效力的爭端解決機構。WTO的爭端解決機制較為完善，成員承諾，不採取單邊行動以對抗那些違反貿易規則的行為，而應在多邊爭端解決機制下尋求救濟，並遵守其規則與裁決。成員之間的貿易爭端進入了WTO爭端解決的司法程序以后，如果敗訴方在規定的合理時間內沒有執行裁決，勝訴方很可能再通過爭端解決機構來狀告敗訴方，使其執行裁決。勝訴方有權要求WTO授權其在同一個產品領域進行報復，目前已有多起涉及SPS措施的爭端經爭端解決機構解決。WTO對於「加拿大和澳大利亞關於魷魚進口措施的糾紛」和「美國、加拿大與歐盟關於牛肉進口限制案」等案的公正裁決表明，在目前，WTO是解決SPS措施爭議的值得信賴的裁判場所。在所有WTO發展中國家成員中，印度是向爭端解決機構提起申訴最多、勝訴最多，從而獲益也最大的國家。農業方面，印度利用爭端解決機制擊敗了美國、歐盟等對其大米、海產品等的不當限制，為農產品出口贏得了市場空間。因此，我們應盡快熟悉這一機制的操作程序，善於利用這一機制來對抗那些歧視性的 SPS 措施，以維護自己的合法權益。

六、簽訂相互承認 SPS 措施的雙邊或多邊協定

為了解決成員間 SPS 措施等效對待的問題，《SPS 協議》鼓勵各成員在其他成員提出請求的時候，積極進行磋商，以達成針對 SPS 措施等效性問題的雙邊或多邊協定。在實踐中，國際間動植物檢疫的執行特點是履行多邊協議和雙邊協定，且在雙邊協定中注意雙向檢疫許可證和檢疫證書認證制度的建設。世界之大，動植物疫情複雜，而且經常變化，各國的動植物檢疫措施又受到政治社會制度、經濟發展水平、公民文化素質、地理氣候環境等因素的影響，因此，國際動植物檢疫多邊協定一般只作為國際間動植物檢疫的依據和參考，實際執行要靠兩國間簽訂雙邊動植物檢疫合作協定和動植物檢疫條款或諒解備忘錄，並在其中規定動植物檢疫要求、檢疫方法、證書要求等。中國 SPS 措施的水平在國際上相對落后，無論在標準還是技術上都與發達國家存在較大差距，要在短期內達到發達國家嚴格的標準不太現實。因此，我們在加快提高技術水平的同時，應結合中國現有的技術、管理水平和經濟承受能力，通過與主要貿易夥伴簽訂相互承認 SPS 措施的雙邊或多邊協定，減少因為 SPS 標準的不同而形成的貿易壁壘。

第七章　綠色貿易壁壘及其應對策略

第一節　綠色貿易壁壘的內涵

綠色貿易壁壘產生於20世紀80年代后期，90年代開始興起。目前實施綠色貿易壁壘的國家和地區十分多，綠色貿易壁壘涉及的產品非常廣泛，採用的具體手段也多種多樣。中國在對外貿易中不可避免地會遭遇到綠色貿易壁壘。這就要求我們全面、客觀地看待綠色貿易壁壘，以促進對外貿易的可持續發展。

一、綠色貿易壁壘的涵義及成因

綠色貿易壁壘亦稱環境貿易壁壘。從其本意上說，它是指那些以維護人類健康和環境安全為目的而採取的限制甚至禁止有關國際貿易活動的法律、法規、標準、政策及其相應的行政措施，以避免這些貿易活動可能導致的環境污染與生態破壞，實現經濟的可持續發展。從另一角度講，所謂綠色貿易壁壘，是指一種以保護有限資源、生態環境和人類健康為名，通過制定苛刻的環境標準，對來自國外的產品加以限制的貿易保護措施。

綠色貿易壁壘之所以在國際貿易中越來越多地出現，其原因是多方面的。概括起來，綠色貿易壁壘形成的原因主要有：

（一）環境的惡化

隨著社會進步，工業生產加速，全球生態環境不斷惡化，水污染、大氣污染以及全球變暖、酸雨、臭氧空洞等成為全球關注的社會問題。人們的健康意識空前加強，更加注重生活質量，對綠色產品的需求隨之日益增長。由此可見，環境的惡化是引起人類價值觀念變化的根本原因。消費者對綠色產品的需求、偏好，也為綠色貿易壁壘的形成提供了條件和機遇。

（二）綠色組織擴大加速了綠色貿易壁壘的產生

世界上第一個民間環保組織了1865年在英國成立，到20世紀80年代末，已有類似組織25萬個，其中1/3是1960年以后成立的。這些綠色組織倡導綠色生活方式，反對有害地球的經濟活動和消費方式。近年來，更逐漸成為一種不可忽視的政治力量，他們的言論和行動通過影響社會公眾而影響到政府甚至是國際組織的政策。

（三）出於貿易保護的需要

隨著關貿總協定的簽訂和世界貿易組織的運行，傳統貿易壁壘如關稅、許可證和配額等不僅會受到國際公約的制約，受到國際輿論的譴責，而且也容易遭到報復。因此，這些傳統貿易壁壘的發展空間越來越小。隨著全球貿易自由化程度不斷提高，世界貿易領域的競爭日趨激烈，發達國家為了保護國內經濟，不斷尋求新的貿易保護形式，這就為綠色貿易壁壘的發展提供了巨大空間。

（四）科學技術水平日新月異

隨著科技進步，技術密集型產品特別是信息技術產品，在國際貿易中的比重不斷提高，其中涉及的技術問題複雜、多變，容易形成綠色貿易壁壘。同時，檢驗檢測儀器的不斷開發也為綠色貿易壁壘提供了技術條件。

（五）現行國際貿易規則不完善、缺乏約束力

貿易和環境是一個極為複雜且矛盾的問題，各國為了保護自身的經濟利益，在環境標準方面屢屢產生糾紛。雖然經過許多次談判，仍然不能達成一致意見，因此，已經制定的貿易規則往往彈性較大。貿易規則過於寬泛為各國實施綠色貿易壁壘提供了合法的借口。

二、綠色貿易壁壘的形式

綠色貿易壁壘作為一種全新的貿易保護手段，已經逐步成為國際貿易中最隱蔽、最難跨越的障礙。其表現形式主要有以下幾種：

（一）綠色關稅制度

綠色關稅制度又稱環境進口附加稅，是發達國家為了保護環境、限制進口最早採用的手段，是綠色貿易壁壘的初期表現形式。即對一些污染環境、影響生態的進口產品除徵收一般關稅外，再徵收進口附加稅，以限制其進口，甚至乾脆禁止其進口。美國曾以有害物的含量較高為由對進口汽油和某些石油化工製品加徵環境進口附加稅，使其比國內同類產品高出 3.5 美分/桶。

（二）綠色技術標準

綠色技術標準指發達國家由於科技發達，它們以保護環境和人類健康的名義，制定苛刻的環保技術標準，限制或禁止外國產品進入本國市場。如歐盟要求進口產品達到 ISO14000 環境管理體系認證，但由於該標準是根據發達國家的生產力和技術水平制定的，發展中國家的企業要取得 ISO14000 體系認證有很大困難。隨著競爭的加劇，發達國家有意識地利用這些標準作

為競爭的手段，有些標準甚至是經過精心策劃，專門針對某個國家的出口產品。

(三) 綠色環境標誌

綠色環境標誌又稱綠色標籤，是依據有關的環境標準，經過政府部門或其授權機構檢測，頒發的認證標誌或證書，表明產品不僅質量、功能過關，而且從生產到使用、處理全過程都符合環保要求，對環境和人類健康沒有傷害。要進入實施環境標誌國家的產品，必須首先提出申請，獲得環境標誌才能進入該國市場。1978 年原西德率先實行環境標誌制度，推出「籃色天使」的標籤。目前，世界上已有 50 多個國家和地區推行了綠色環境標誌制度，並相互承認，這對發展中國家進入發達國家市場形成了巨大的障礙。

(四) 綠色補貼

發達國家將環境和資源計算在成本之內，使環境和資源成本內在化，但同時又將那些嚴重污染環境的產業轉移到發展中國家，使發展中國家的環境成本大大提高，相應地提高了產品成本。一些發展中國家政府有時不得不給予一定的環境補貼，而發達國家就以此為由限制進口發展中國家產品。如美國曾以綠色補貼為由，對進口自巴西的人造橡膠鞋提出過反補貼訴訟。

(五) 綠色包裝制度

綠色包裝是指為節約資源，減少廢棄物，採用好回收、易分解、污染程度輕的包裝材料和包裝方式。發達國家制定了各種法規，以規範包裝材料市場。這些「綠色包裝」法規有利於環境保護，但同時大大增加了出口企業的成本，也為這些國家製造「綠色壁壘」提供了借口。同時這些規定是按照發達國家的資源水平、消費者消費偏好等制定的，發展中國家的企業難以很快適應。

（六）綠色檢驗檢疫制度

為保護國內消費者，滿足他們對商品健康、安全等需求，各國海關、商檢機構都制定了不同的衛生檢疫制度，對進口商品進行檢測。發達國家往往把海關的衛生檢疫制度作為控製從發展中國家進口的重要工具。他們對食品、藥品的衛生指標十分敏感，如食品的安全衛生指標、農藥殘留、放射性殘留、重金屬含量、細菌含量等指標的要求極為苛刻。另外，各國的指標標準和檢測方法不同，發展中國家無法一一去適應，這在一定程度上限制了發展中國家的產品出口。

三、綠色貿易壁壘的特點

綠色貿易壁壘在不同的發展過程中呈現出不同的特點，主要表現為：

（一）廣泛性

綠色貿易壁壘涵蓋範圍非常廣泛。從產品形態看，它不僅涉及初級產品，而且牽涉到中間產品和工業成品；從產品生產週期看，涉及了研究開發、生產加工、包裝、運輸、銷售以及消費等各個環節；從涉及領域看，不僅涉及有形的貨物貿易領域，而且還涉及投資和服務貿易等領域。

（二）雙重性

綠色貿易壁壘以保護生態環境和人類及動植物安全為目的，具有合理性，還可以有效制約貿易與環境產生的矛盾，促使貿易向有利於生態環境的方向發展，確實可以起到一定的積極作用。其消極的一面是發達國家憑藉技術優勢，制定了苛刻的技術標準，對發展中國家的外貿出口產生了不合理的限制。

（三）合法性

綠色貿易壁壘以保護環境安全和人類健康為目的，以一系列公開的國際國內環保公約或協議、法律法規、政策為依據，具有形式上的合法性。1994 年以后，世貿組織的成員國達成了一系列貿易與環境的多邊協定，這些原則性的協定被各國作為實施綠色貿易壁壘的法律依據。

（四）隱蔽性

配額、許可證等傳統貿易壁壘，有一定透明度，而綠色貿易壁壘是以保護環境和人類健康為名，涉及多個行業、多個領域，體現在各國貿易法規、國際公約的執行過程中，很容易把人們的視線從貿易保護轉移到對人類健康和環境保護上，從而具有更大的隱蔽性。

（五）技術性

隨著現代科學技術的發展，各種檢驗標準日益嚴格，而且繁瑣複雜，使出口國難以應付。同時，綠色貿易壁壘對產品的鑒定也包含較多的技術性成分。發展中國家因為技術基礎薄弱，還遠遠不能應對這種需求。

（六）歧視性

發達國家利用其科技優勢，根據本國需求制定的強制性技術標準，對於發展中國家來說很難達到。對不同水平國家的產品規定同樣的市場准入條件，這是很不公平的。據統計，目前中成藥國際市場的銷售額每年約 160 億美元，其中日本占到了 80%，韓國占 10%，而中國只占 5% 左右。作為中藥發源地的中國，中藥出口美國卻遭遇美國食品和藥物管理局（Food and Drug Administration，FDA）的阻撓，至今尚無一味中藥制劑以治療藥品的身分通過 FDA 審查，這就意味著中藥出口大大受阻，「洋中藥」大行其道，真正的中藥卻始終步履維艱。

第二節　綠色貿易壁壘對中國出口貿易的影響

作為發展中國家，在發達國家的綠色貿易壁壘面前，我們已經付出了慘重的代價。值得注意的是，今后國際貿易中的保護主義可能將更多地以保護環境的名義出現，採取更加隱蔽的措施，所以綠色貿易壁壘對中國出口貿易的影響必將愈發嚴重。下面從四個方面闡述綠色貿易壁壘對中國出口貿易的影響：

一、對中國出口企業的影響

發達國家的經濟發展水平較高，綠色消費起步較早，而且掌握著全球大多數技術成果，主宰著科技的方向。以他們的經濟水平和科技水平為基礎制定的各項環境標準，對於中國大多數企業來說，短期內很難達到。加上中國經濟發展本身存在的問題和企業自身的不足，綠色貿易壁壘勢必將對中國出口企業造成巨大的影響：

（一）綠色貿易壁壘會影響出口市場

中國產品的出口市場主要集中在發達國家和部分新興工業化國家和地區，這些國家和地區實施環保行動較早，公眾的環保意識較強，技術先進，隨著這些地區綠色貿易壁壘的增加，中國出口產品的市場迅速萎縮。從產品結構來看，中國的優勢出口產品大多是食品、紡織品等傳統產品，這些產品面臨的綠色貿易壁壘限制更加嚴格，導致這些產品占出口市場的份額下降，有的產品甚至完全退出了市場。

（二）綠色貿易壁壘會影響企業競爭力

綠色認證、綠色關稅及反補貼措施，使中國出口產品的成本大大增加，削弱了中國產品的國際競爭力；為了達到發達國家不斷提高的產品檢驗檢疫標準，中國企業需要購買價格更高的原料，提高了生產成本，削弱了中國產品在國際市場的競爭力；由於高昂的檢驗費用和認證費用，使中國原本很有競爭力的產品失去了價格競爭力。

(三) 綠色貿易壁壘會影響企業效益

綠色貿易壁壘的產生和實施必然會涉及產品從生產到銷售的各個環節，出口產成品的各種中間費用大幅度上升，出口企業的生產成本提高導致企業效益下降。由於中國的出口市場多是歐美等發達國家與亞洲新興工業化國家，這些國家的環保標準都較高，中國出口產品很難達到其要求，導致進口國的消費者對中國產品的偏好、興趣降低，消費需求下降，從而減少對中國產品的進口，嚴重地影響了中國出口企業的經濟效益。

二、對農副產品出口貿易的影響

(一) 農副產品出口受阻

中國農產品出口面臨的形勢嚴峻，中國禽肉出口受挫於日本、俄羅斯、韓國和歐盟；豬肉出口在各國貿易壁壘的夾縫中掙扎；牛肉出口心有余而力不足；蔬菜出口面臨日本更為嚴重的貿易壁壘限制；蜂蜜出口遭遇歐盟、美國、加拿大等國的限制；茶葉出口面臨日本、歐盟的嚴格限制；水產品出口遭受歐美等國不斷增高的貿易壁壘的嚴重制約。可見，近幾年來，對中國農產品實施綠色貿易壁壘的國家越來越多，中國遭遇的綠色貿易壁壘規模也越來越大。

2006 年 12 月 11 日，日本厚生勞動省發出通知，加強對中國產三疣梭子蟹及其加工品的檢查。因為日本檢疫所檢查后發現，中國產活三疣梭子蟹違反了相關食品衛生法。對於相關食品，將其檢查項目的檢查頻度提高到 50%。

（二）中國農副產品出口遭受貿易壁壘的原因

1. 國際方面的原因

（1）傳統貿易壁壘的保護作用弱化

農產品相對於其他產品來說，其生產更容易受到地域條件、社會經濟條件和生產技術條件的影響。在傳統貿易壁壘受到更多限制的情況下，綠色貿易壁壘因為具有表面上的合理性、形式上的合法性、技術上的隱蔽性，成為當前國際貿易保護主義的主要手段，也可以認為是發達國家利用技術優勢設置的貿易障礙。

（2）農產品國際貿易的特殊性

對於各國來說，農業是國民經濟的基礎性產業，又是自然風險與市場風險並存的產業，同時。農業生產的週期長、收益低等主要特點進一步決定了農業生產的弱質性。各國為了保護這種特殊商品，都想方設法對農業加以保護，致使在國際貿易的各個領域中農產品市場的扭曲最為嚴重。因為各國都十分重視對本國農業的保護和支持，農產品的國際貿易也就成為國際貿易保護主義最嚴重的領域之一。

（3）綠色貿易壁壘措施日益嚴厲

從中國加入 WTO 以來，發達國家綠色貿易壁壘的措施日益嚴厲，標準不斷提高，具體表現在：①不斷擴大農產品的受限範圍；②不斷頒布新的技術標準和技術法規；③不斷增加對農產品的檢驗項目並提高標準；④對產品標籤規定得更加詳細；⑤對農產品實行複雜的合格評定程序和質量認證制度；⑥綠色標準從具體的農產品向對生產、加工利用的一切領域延伸。

以日本《肯定列表制度》為例，日本是中國農產品的第一大出口市場。2006 年 5 月 29 日，日本實施《食品中殘留農業化學品肯定列表制度》，該制度設定了進口食品、農產品中可能出現的 734 種農藥、獸藥和飼料添加劑的近 5 萬個暫定標準，大幅提高了中國農產品、食品的輸日准入門檻。目前為止，日本的「肯定列表制度」被認為是最為嚴苛的檢測標準。日本《肯定列表制度》對每種產品制定的限量標準眾多，而且該制度執行的難度高，從而對中國輸日農產品構成巨大威脅。

2. 國內方面的原因

（1）小農經濟自身缺陷

中國農業生產規模小，組織化程度低，抗風險能力差。很多中小企業對國際間的產品標準化制定及立法程序等信息瞭解不夠、信息渠道不暢，屢屢被動挨打。特別是農民的組織化程度太低，不能適應國際市場的激烈競爭。

（2）環境標準過低

國內農產品質量標準與國際標準差距較大。發達國家擁有先進的標準和技術，經常修訂行業標準。而中國的標準制定卻經常滯后，週期也很長。國內的環保意識、環保標準較低，加上實際生產過程中缺乏約束，使中國生產的農產品很難達到國際標準。

（3）生態保護法律法規不完善

農戶的用藥行為得不到有效的監督與管理，使用高毒農藥屢禁不止。而農產品的綠色貿易壁壘，主要是針對農產品中的有害物質含量。農業生態環境保護法律法規的不完善，在一定程度上導致了中國農產品質量低下。

（4）出口農產品質量低劣

中國農產品生產採用傳統的生產方式，農民的安全意識淡薄，導致了許多農產品在生產時缺乏安全約束，如種植蔬菜時使用禁用農藥、肥料，養殖禽畜時添加激素，養殖水產品時喂食藥物等，這樣生產的產品不僅存在農藥殘留超標，甚至還有安全隱患。

(5) 出口結構不合理

中國農產品是勞動密集型產品，整體品質不高，技術含量和附加值低，產品結構不盡合理。同時，中國農產品的出口市場主要集中在美國、歐盟和日本，其範圍相對狹小。加入 WTO 后，隨著經營主體的增加，中國大量農產品競相壓價進入這些國家，勢必對當地農業帶來較大衝擊，因此，也很容易遭遇這些國家的綠色貿易壁壘。

3. 綠色貿易壁壘對中國農副產品的影響——以禽肉出口為例

2002 年 1 月，歐盟以從中國進口的部分動物源食品中含有氯霉素殘留為由，全面禁止從中國進口動物源產品，腸衣和公海捕獲直接運抵歐盟市場的魚類產品除外。后經中歐雙方多次協商，歐盟決定 2004 年 8 月 31 日起解除對部分產品的禁令。但 2004 年 1 月，中國部分地區爆發禽流感，歐盟沒有對禽肉解禁。40 多個其他國家和地區也暫停進口中國生禽肉。2006 年 1 月 1 日起，歐盟啟用新的食品安全法規。新法規提高了食品市場准入的標準，特別是對肉食，不僅要求終端產品要符合標準，整個生產過程中的每一個環節也要符合標準。這對中國禽肉產品的生產和加工提出了更加嚴格的要求。歐盟新法規對中國出口農副產品的種植（養殖）、加工、包裝以及檢驗檢疫的影響是全面的。以歐盟對動物福利的新規定為例，向歐盟出口的生豬出生后要吃 13 天母乳，不可用水泥修建豬欄以滿足豬拱食泥土的天性，還要在豬欄裡鋪上稻草，運輸生豬的過程中要每隔 8 小時讓豬休息 24 小時，宰殺前要先將豬電暈才能進行宰殺，以減少宰殺產生的痛苦。對比這些標準，目前中國養殖企業還有較大差距。因此，中國對歐盟豬肉、牛肉類食品的出口一直非常少。面對歐盟食品新法規提出的近乎苛刻的高標準，出口企業應根據新法規進行對照，查找自身存在的問題與不足，並盡快整改、提高。檢驗檢疫部門、農業生產部門應對企業進行監督，指導出口企業完善自檢自控體系，確保食品生產全過程符合歐盟的新法規。

美國是世界上最大的家禽生產國，家禽業是美國畜牧業中發展最迅速的產業。同時美國也是世界上人均消費禽肉最多的國家，人均年消費量達到 50 千克以上。為了保障禽肉食品安全，美國政府建立了較完善的國家食品質量安全監督管理體系，以保證國民能享受到安全的禽肉食品供應。2009 年 3 月 10 日，美國參議院通過了 2009 年綜合撥款法案第 727 條款。該條款規定：「根據本法所提供的任何撥款，不得用於制訂或執行任何允許美國進口中國禽肉產品的規則。」該條款通過限制政府經費用途的方式，不允許美國相關政府部門開展從中國進口的禽肉產品的解禁工作，這將限制中國禽肉產品對美出口。此次美國參議院通過的 727 條款，可以說是美國實行貿易保護主義上的一種創新，通過國內法律，以限制政府經費用途的方式來禁止進口，用政治手段直接干預貿易，這是赤裸裸的貿易保護主義行為。實際上就是全面禁止了美國政府從事任何有關恢復中國禽肉進口的工作，也就從根本上斷絕了中國禽肉出口美國的可能性。

綠色貿易壁壘對中國禽肉產品出口的影響具體表現在：

(1) 對中國禽肉產品出口數量的影響

發達國家嚴格的認證制度和繁瑣的檢驗程序，使我們的出口企業很不適應。如美國對進入該國的禽肉要求必須來自於經美國農業部食品安全檢驗局認可的國家和廠家。而中國能達到上述要求的企業還很少，導致中國禽肉出口額大幅度減少，出口總量急遽下降。

(2) 對中國禽肉出口市場的影響

中國禽肉出口市場主要集中在歐盟、美國、日本等發達國家和地區，它們約占中國禽肉出口總額的80%左右。這些國家多數都是世界貿易組織與環境委員會的成員，環境標準較嚴，人民環保意識強，環保技術也居世界前列。他們為了本國利益，憑藉自身的環保優勢，制定了對發展中國家來說要求較高甚至過於苛刻的環境標準，使中國的出口產品很難在短時間內達到標準，從而使中國產品的出口市場範圍縮小。

（3）對中國禽肉企業的成本和效益的影響

在禽肉生產和銷售中，出口企業為了達到進口國的環境標準，不得不進行各種檢驗、測試、認證等手續並產生相關費用。出口產品各種中間費用及附加費用的增多，使中國出口禽肉日益上漲的生產成本進一步提高，降低了出口產品的國際競爭力，減少了利潤。

三、對工業產品出口貿易的影響——以紡織產品為例

中國工業整體技術水平較低，國內企業對國際標準缺乏瞭解，很容易受到綠色貿易壁壘的限制，傳統行業受到的影響尤為嚴重。下面，以紡織產業為例闡述綠色貿易壁壘對中國工業產品出口的影響。

紡織業是中國出口創匯的支柱性產業，也是外向依存度很高的行業。中國已成為世界第一大紡織品生產國和出口國，與此同時，中國紡織業也成為受綠色貿易壁壘影響最嚴重的行業之一。近年來，國際上對紡織品的綠色要求越來越嚴格。紡織行業是高污染行業，產品生產中的印花、染色及后整理等工藝所涉及的污染問題和製成品中的有害物質對人體健康的危害，已備受世人關注。加入世貿組織后，中國紡織品進入WTO成員方的傳統貿易壁壘將逐步取消，但也要看到，中國服裝要想進入發達國家和地區，面前還橫著一道「綠色貿易壁壘」。

（一）中國紡織品出口遭遇綠色貿易壁壘現狀

中國紡織品、服裝出口遭遇的綠色貿易壁壘主要形式包括：

1. 技術標準

紡織品領域中涉及的技術標準主要是有害物質的使用量、殘留量以及禁用物質種類等。例如對於甲醛的含量，日本規定幼兒紡織品不能超過20ppm，成人不能超過75ppm。

2. 產品標籤

發達國家建立了產品標籤制度，用來表明產品不僅符合質量標準，而且在生產的整個過程中符合環保的要求，不會損害人類的健康，發達國家關於紡織品的綠色標籤主要有「Clearn Fashion、Toxproof、Otn100」等。

3. 環保包裝

許多國家和地區要求紡織品使用環保、安全的包裝材料，包裝要易於回收和再利用，而且不污染環境。

（二）中國紡織品出口遭遇綠色貿易壁壘的原因

中國紡織品出口屢遭綠色貿易壁壘，其原因主要有：

1. 貿易保護主義加強

中國已經成為世界上最大的紡織品生產國，出口的紡織品價格低，影響了其他國家紡織品的銷售，為了維護競爭中的有利地位，發達國家不斷加大對中國紡織品實施綠色貿易壁壘的力度，以達到限制中國紡織品出口，保護其國內市場的目的。

2. 出口市場過於集中

日本、美國、歐盟等發達國家和地區是中國紡織產品出口的主要市場，而這些國家對紡織產品設置的綠色貿易壁壘時間最早、數量最多、要求最嚴。中國紡織服裝產品對上述國家和地區的出口速度趨緩，市場份額逐漸萎縮。如果不盡快採取對策，中國很多紡織產品很有可能因為達不到這些國家和地區的准入條件，而被拒之於市場之外。

3. 企業重視不夠

雖然中國的ISO14000的認證工作幾年前就開始了，但是這項工作在國際和國內的權威性和影響力還都遠遠不夠，還僅僅處於起步階段。中國紡織企業由於自身條件的限制，對國際標準缺乏深入的瞭解，很容易受到綠色貿易壁壘的限制。在中國七萬多家服裝企業中，只有知名品牌「杉杉」、「波司登」等18家企業24種產品獲得綠色認證。而紡織行業中的上游企業，如面料生產企業、印染製造企業、輔料生產企業等更很少申請生態紡織品的認證。

4. 紡織品品質相對較弱

發達國家產品側重個性化、環保化和高檔化，中國紡織產品出口結構不合理，檔次偏低，出口的產品多以技術含量較低的內衣、睡衣、低檔服裝為主，而裝飾用紡織品和產業用紡織品所占比例很小，使得中國出口的紡織品多為無品牌的中低檔產品，附加值不高。其主要競爭力來源於低廉的勞動力成本，在遭遇綠色貿易壁壘時，往往無力還擊。

（三）綠色貿易壁壘對中國紡織品出口的影響

我們在分析加入WTO對中國紡織業產生什麼樣的影響時，總會很樂觀地認為，配額的取消有利於擴大市場份額，但往往忽視了正在準備挑戰中國紡織品出口的綠色貿易壁壘，對新的挑戰缺乏應有的警惕和足夠的準備。

發達國家憑藉其科技優勢，通過制定苛刻的環境技術標準，對發展中國家的紡織品實行限制，使發展中國家的產品難以進入他們的國內市場。中國如果不採取應對措施，就可能會因為達不到這些國家的准入條件而被迫退出這些國家的市場。

綠色貿易壁壘的條件不斷提高，要求企業不斷改進生產工藝，加大技術改造的投入，而所有這一切都會使紡織服裝產品的成本增加。同時，由於各國對紡織產品的貿易壁壘各不相同，中國產品在滿足某一進口國要求的同時，可能達不到另一進口國的要求，導致紡織產品出口成本的不確定性，從而使企業的整體投入加大，產品競爭力下降，出口受阻，不利於中國紡織品出口的發展。

儘管短期內綠色貿易壁壘已經越來越嚴重地影響著中國紡織服裝產品的出口，但從長遠來看，其對中國產品出口提出挑戰的同時，也為中國紡織服裝企業實現技術進步提供了強大的動力。綠色貿易壁壘的設置將進一步加強中國紡織服裝產品標準體系的建設，從而規範中國產品市場，提高產品的國際競爭力。

四、對出口包裝的影響

目前在國際市場上，綠色產品將占據主導地位。而綠色產品必須要有綠色包裝。綠色包裝已經成為產品包裝的主要發展方向，研究和開發「綠色包裝」是企業在 21 世紀的必然選擇。綠色包裝又稱為無公害包裝，指對生態環境和人類健康無害，能重複使用和再生，符合可持續發展的包裝。也就是說，包裝從原料選擇、產品的製造、使用到廢棄的整個生命週期，均應符合保護生態環境的要求。綠色包裝的最基本的要求就是減少環境污染，由於商品包裝可能對生態環境造成破壞，尤其是包裝廢棄物對環境造成的污染，各國相繼採取了許多環境保護措施。

歐盟除了對玩具安全嚴格遵守 CE 標示指令外，還要求在包裝盒上印製「回收標誌」，以便消費者處理。對於影響環境的產品及包裝材料，尤其是塑料材料，實施了越來越嚴格的管理。例如，在印有「紙類回收標誌」的內盒及外箱上，不能使用 U 型釘，而應用膠糊。封口的膠帶要用無蠟製品，或無膠質類牛皮紙或膠帶。供貨商還要與歐洲公司簽訂「廢棄物收費回收契約」，以便確認廢棄包裝的流向。許多國家不斷出抬一些新的措施，給中國玩具企業帶來了不小的考驗。再如一些國家對木制玩具的油漆要求、對布絨玩具填充物的衛生要求越來越高，也給中國玩具出口帶來了很大影響。

（一）中國出口產品包裝存在的主要問題

1. 綠色包裝概念模糊

綠色包裝往往被企業片面地理解為包裝產品的綠化，錯誤地將使用易降解材料制成的包裝產品視為綠色包裝。還有一種普遍的看法，就是認為凡是紙包裝就是「綠色包裝」，這樣的理解都是不全面和不準確的。當今世界公認的綠色包裝有「3R + 1D」原則：盡可能對包裝進行減量化（Reduce），不用或少用包裝。歐美等國將包裝減量化列為發展無害包裝的首選措施；盡量重複利用商品包裝容器（Reuse）；包裝要能夠回收再生（Recycle）；不能回收利用的材料和容器，應採用生物降解的材料（Degradable），不形成永久垃圾。

2. 信息嚴重缺乏

中國許多企業對國際市場或出口目的地市場的信息嚴重欠缺，對進口國包裝材料、包裝標準以及包裝規格方面的要求瞭解有限，造成出口產品包裝不能符合目標市場要求。

3. 包裝技術落后

如新鮮水果等的運輸包裝多用傳統紙箱，沒有廣泛使用透氣性好的運輸箱、週轉箱，不僅增加了運輸成本，而且運輸過程中的腐爛和損耗率驚人。

（二）應該採取的對策

面對國際市場環保包裝的挑戰，中國外貿企業為鞏固、擴大出口市場，改進商品的包裝，應該努力做到以下幾點：

1. 在環境標誌方面要予以重視

ISO14000 環境管理體系規定，對不符合該標準的產品，任何國家都可以拒絕進口。中國的環境標誌產品種類較少，水平與國際標準相距甚遠，遠遠不能滿足對外貿易發展的需要。只有順應綠色包裝的國際潮流，採用積極有效的手段迎頭趕上，才能從根本上保護中國的外貿利益。此外還應盡快研究國際環境標準，可以通過行政立法程序將國際標準轉化為國家標準，在全國範圍內推廣使用，與該國際標準有關的國內配套法規亦應盡早制定。

2. 積極開發綠色包裝材料

應在避免使用含毒材料的基礎上，盡可能使用可循環、可降解的再生材料。要多利用純正天然的自然材料，減少包裝材料的種類和數量。

3. 包裝設計要突出環保內涵

設計者必須針對各國對環保包裝的具體要求，在設計包裝時要充分考慮有關法律法規、消費者消費偏好、包裝發展趨勢等因素。如美國消費品安全委員會為防止兒童誤飲含有毒性的化學品，如殺蟲劑、拋光劑、除草劑、消毒劑等，規定各種毒性化學品的包裝容器必須使用兒童安全蓋，防止兒童開啓此類容器。

第二節　中國突破綠色貿易壁壘的對策

由於綠色貿易壁壘的阻礙，中國出口產品遭遇拒收、退貨、扣押、索賠、終止合同等現象已經十分突出，嚴重影響到企業和國家的利益。在這種嚴峻的形勢下，只有加大對綠色貿易壁壘成因、特徵、形式的研究，才能有針對性地提出應對措施。我們要以應對綠色貿易壁壘為契機，通過國外市場對產品質量的高標準，嚴要求，促使中國企業提高產品的品質和質量。應對綠色貿易壁壘，關鍵在於全面提高企業綜合競爭力，加強環境管理和安全管理，縮短與發達國家企業的差距。

同時，由於綠色貿易壁壘涉及技術、法律以及行政管理等各個方面和各個部門，政府必須發揮主導作用，幫助企業提高綜合競爭力，突破綠色貿易壁壘。

一、從政府層面來看

應對綠色貿易壁壘，政府要起到主導作用。具體措施可包括：

（一）加強綠色貿易壁壘知識的宣傳和普及工作

中國企業對國際標準信息比較閉塞，屢屢「被動挨打」。政府要加強宣傳，使企業能夠盡早瞭解信息，及時調整生產，減少不利影響。2007 年商務部就在主要出口地區開展了應對日本「肯定列表制度」和歐盟等食品安全新法規的培訓。

（二）建立綠色貿易壁壘的預警機制

由於中國主要貿易夥伴的綠色貿易壁壘種類繁多，靈活多變，政府及有關部門應盡快建立綠色貿易壁壘的預警機制，加強對國外環保標準的研究，及時收集、整理國外的綠色貿易壁壘措施，研究綠色貿易壁壘對中國出口產品的影響。建立與完善有關信息數據庫，為國內企業提供及時、有效的信息服務，使企業對自己面臨的綠色貿易壁壘做好防範工作，並採取有效的措施，突破國外的綠色貿易壁壘，擴大產品出口。

（三）建立和完善中國的環境經濟核算體系

中國出口產品的價格未將環境成本計算在內，這不僅導致出口貿易容易遭受綠色貿易壁壘，而且也造成生態環境失調，損害了國家的長遠利益。因此，要借鑑國外經驗，建立適合中國國情的環境經濟分析方法，把不可再生資源的損耗、環境的破壞、污染的治理作為成本列入核算體系，逐步做到資源與環境的商品化、消耗資源與破壞環境的有償化，實現資源的集約使用和有效管理，走可持續發展之路。

（四）大力開發環保產品，積極發展環保產業

據預測，環保產品在未來的10年內將主導世界主要工業市場。為了爭奪國際市場，發達國家制定各項政策，採取各種措施扶植本國環保產業。中國也應在借鑑他國經驗，調整貿易結構和產業結構，捨棄那些污染嚴重、環保技術落后，環境成本高昂的產業，大力發展少污染以至無污染的高新技術產業、信息密集型產業和綠色環保產業。政府應制定扶持環保產業的傾斜政策，加快環保業的發展。從發達國家引進環保技術，擴大中國環保產品的出口，為中國的外貿出口開拓更為廣闊的國際市場。對具有國際競爭實力的綠色產業給予扶持，鼓勵其加入國際競爭行列，衝破國際綠色貿易壁壘，擴大在國際市場的貿易空間。

（五）建立完善的環境標誌制度

中國企業應在認真研究主要貿易夥伴綠色標誌規定的基礎上，完善並逐步推行自己的環境標誌認證制度。企業應爭取綠色認證，特別是要積極爭取國際標準認證，以獲得國際市場的通行證。只有符合國際標準的產品在國際市場才具有競爭性。1997年4月1日中國開始採用ISO14000系列標準，我們應該加強對企業的宣傳，在認證程序上指導和幫助企業，提高企業的環境意識和產品的環境競爭力。國家應規定在政府採購中，要優先採購帶有環境標誌的產品。同時，為了使環境標誌的管理規範化，中國在推行環境標誌認證制度時，應盡快制定環境標誌管理條例，並制定具體實施辦法。應該看到，ISO14000認證對國際貿易的影響日益增強，許多跨國公司紛紛要求所屬的公司及供應商必須在限定時間內通過認證，目前全球已有一萬多家企業獲得了ISO14000認證，而中國只有200多家，差距十分

明顯。

（六）加快環保立法，嚴格環保執法

發達國家的經驗表明，由政府出抬強制性法規能有效引導國民經濟進入綠色通道。中國政府應根據綠色貿易壁壘的發展趨勢，在國家環保標準等法規上多做工作，完善環保立法。自2008年6月1日起，全國都實行「限塑令」，超市、商場盡量用紙質包裝袋取代塑料購物袋，市民必須有償使用塑料袋，這個政策實行后塑料袋的使用量已大大減少了。

（七）制定多元化發展戰略，積極開發新市場

中國產品出口地集中在綠色貿易壁壘森嚴的發達國家，嚴重阻礙了出口貿易的發展，發達國家和地區那些複雜、苛刻的標準，對於中國的大部分出口企業來說，短期內是很難達到的。為此，中國企業應採取市場多元化戰略，雙管齊下：一方面，要發展綠色產業，提高出口產品的環保水平，從而鞏固對發達國家的出口；另一方面，要大力開發新市場，加強與發展中國家的貿易關係，這是中國實施市場多元化的重點。

二、從行業協會層面看

除了政府制定標準，組織、協調以外，行業協會等仲介組織應樹立為企業服務的理念，在信息支持、組織企業應訴等方面發揮政府和企業無法取代的作用，積極幫助企業應對綠色貿易壁壘。行業協會需要採取有效措施，構建應對和防禦體系，組織企業多方位開拓國際市場。

（一）積極參與談判並協助企業解決爭議

行業協會應從擴大出口、保護企業合法權益的角度出發，積極配合政府參與相關談判。同時，行業協會應在外方起訴時積極組織企業應對，以減少損失，必要時由行業協會出面按各個企業所占的出口份額統一籌集資金，代表行業整體進行應訴。

（二）提供行業內培訓、諮詢和信息等多元化的服務

許多企業無力理解 WTO 法規的複雜性和專業性，以致在現實中遭遇到了綠色貿易壁壘。行業協會應充分發揮其服務職能，為企業提供廣泛的培訓及諮詢，及時掃除企業認知上的盲點與誤區。

（三）加強與國外行業組織的聯繫與溝通

行業協會可以通過與國外同行業組織定期交流，獲取有關信息。這方面的一個突出例子就是，2002 年 5 月份在美國食品與藥品管理局準備限制中國蜂蜜進口時，中國食品土畜進出口商會提前得到美國進口商協會的通報，立即組團赴美遊說美國食品與藥品管理局，成功避免了美國效仿歐盟等國對中國蜂蜜進行的封殺。

（四）健全國內技術法規和標準

積極發揮行業協會優勢，借鑑國外經驗，推出協會指導性技術文件，並在最終成熟以后可以上升為國家標準。引領新技術開發，促進產品結構的調整。

三、從企業層面來看

應對綠色貿易壁壘，對於企業來說尤為重要。具體做法有：

（一）實現市場多元化

中國企業應該分步驟、分層次的拓展國際市場，盡快改變中國出口貿易過分依賴美國、日本、歐盟的局面。出口市場的單一性使得中國企業一旦遭到綠色貿易壁壘以后，產品出口急遽減少，影響企業效益。因此，中國出口企業應積極開拓國外市場，在市場佈局上應多選擇幾個出口國家和地區，從而在面對一國的貿易壁壘時，可及時將產品轉向其他國家和地區，以進一步擴大產品出口。

(二) 應樹立清潔生產觀念

建立清潔生產機制。聯合國環境規劃署工業與環境規劃中心於1989年最先提出「清潔生產」。清潔生產強調三個觀念:一是清潔能源，盡量節約能源消耗，利用可再生的能源。2008年，中國清潔能源發展取得重大進展。其中，核電建設是力度最大的一年，風電開發也加快推進。據介紹，2009年中國仍將堅持以風電特許權方式建設大型風電場，推動風電設備國產化，逐步建立中國的風電產業體系。二是清潔生產過程，對生產過程而言，清潔生產包括節約原材料和能源，淘汰有毒原材料並在全部排放物和廢棄物離開生產過程以前減少它們的數量和毒性。三是清潔產品，對產品而言，清潔生產策略旨在減少產品在整個生產週期過程中對人類和環境的影響。

清潔生產能夠從源頭控製污染，提高資源利用效率，減少或者避免生產過程中污染物的產生，減輕或者消除對人類健康和環境的危害。

(三) 加強產品創新，提高附加值

面對新的全球經濟環境，中國企業產品如不創新，則將失去大部分的國際市場。以玩具為例，美、英兩國玩具協會已要求其會員從2006年開始只能從通過國際玩具理事會商業運作規範認證的供應商處採購玩具。而歐盟發布的保證雙指令規定包括玩具在內的十類電子產品出口歐盟時，將被額外徵收電子垃圾處理費，並自2006年7月1日起禁止將含有包括鉛、汞、鎘、六價鉻、多溴聯苯、多溴二苯醚6種有害物質在內的新電子和電氣設備投放市場。中國還有不少傳統出口產品雖然每年出口不斷增長，但利潤極低。企業應努力提高科技水平，增加商品附加值，提高利潤率。

(四) 實行綠色營銷策略

綠色營銷是指作為經濟活動的主體，企業在經營活動中按照可持續發展的要求，注重地球生態環境保護，促進生態、經濟和社會的協調發展的一種整體經營過程。綠色營銷強調需求的全面性，不僅要發現需求、滿足需求，而且要引導需求。對消費者消費產品時和消費產品后對環境和他人的影響進行追蹤，指導消費者進行綠色消費，在使用產品過程中和之后最大限度地減少對環境的污染，盡量對消費過程中產生的廢棄物回收，進入再循環。

企業要超越短期贏利目的，也就是企業要樹立綠色營銷理念，並在此理念的引導下對企業組織進行重組，確保整個組織能為綠色營銷的實施提供各種支持，企業還應該制定綠色營銷組合策略計劃，以提高綠色營銷的效果。

（五）實施綠色會計制度

企業管理從時間上來講是產、供、銷各環節，從空間上來講是人、財、物各部門。企業除了要加強綠色管理，增強企業競爭力外，還必須重視綠色會計制度。所謂綠色會計制度，是指企業在進行財務管理特別是在成本控製中，不僅要對人工、資本、原料等進行成本核算，而且還必須計算對資源和環境的佔有和消耗成本，這樣能估計自然資源和污染的環境對企業和消費者的影響，對此做出精確的定量分析，為企業實施可持續發展奠定正確的決策基礎。

綜上所述，要突破對外貿易中的綠色貿易壁壘，是一項複雜的系統工程，需要政府、行業協會和企業在很長的時間內共同努力，通力協作才能獲得成功。只有突破綠色貿易壁壘，中國企業在激烈的市場競爭中才能立於不敗之地，對外貿易也才能進一步發展。

第四節 歐盟的 RoHS 指令和 WEEE 指令及其對策

RoHS 和 WEEE 指令是指歐盟於 2003 年 1 月正式公布的《報廢電子電器指令》（WEEE－2002/96/EC）和《關於在電子電器設備中禁止使用某些有害物質指令》（RoHS－2002/95/EC）。

一、RoHS 和 WEEE 指令內容和影響範圍

（一）關於 RoHS 指令

1. RoHS 指令內容

RoHS 指令要求從 2006 年 7 月 1 日起，禁止在歐盟成員國市場銷售含有鉛、汞、鎘、六價鉻、多溴聯苯及多溴二苯醚 6 種有害物質的電子電器設備。而要做到這一點，必須從設計上就限制有害物質的使用，並嚴格控製供應鏈以保證零部件的有害物質含量在規定範圍內，在生產中要嚴格管理控製，以免被污染，更新相關設備和製造工藝。同時，還需購買特別的檢測設備，以確保最終生產出來的成品符合要求。

2. RoHS 指令的影響範圍

RoHS 指令涉及的電子電器設備指的是正常工作需要依賴電流或者電磁場的設備以及產生、傳遞和測量電流與磁場的設備，其工作電壓為：直流電壓小於 1000 伏，交流電壓小於 1500 伏。針對的產品包括以下八類：大型家用電器，如冰箱、洗衣機、微波爐等；小型家用電器，如吸塵器、熨鬥、鐘表等；信息技術和遠程通訊設備，如電腦、複印機、打印機等；用戶設備，如電視機等；照明設備，如熒光燈等；電氣和電子工具，如電

鋸、縫紉機等；玩具、休閒和運動設備、如視頻游戲機、帶電氣、電子配件的運動器材等；自動售貨機，如冷熱飲料售貨機、自動取款機等。

（二）WEEE 指令

1. WEEE 指令內容

WEEE 指令要求，從產品設計開始就考慮環保要求；廢棄電氣、電子設備與普通市政垃圾實行分開收集；按特殊處理程序處理廢棄電氣、電子設備，並對處理程序和方法提出了技術要求；由生產商或第三方在單獨或集中的基礎上建立回收系統並制定了各類產品的回收率。WEEE 指令要求，「生產商」在 2006 年 12 月 31 日前實現大型家用電器的回收率增加至每件產品的 75% 以上；小型家用電器回收率增加至每件產品平均重量的 70% 以上；配件和材料的回收再利用率增加至每件產品平均重量的 50% 以上。其中的「生產商」包括：以自己的品牌生產並銷售電器者、貼牌生產並銷售者以及專業從事由成員國進口或向成員國出口電子、電氣設備者。

WEEE 指令的目的是減少電子廢物，增加回收、再循環以減低對環境的影響，促進廢棄電子電器的回收再利用，提高電子電器生命週期中的環保功效，延長生產者的責任，同時希望以此鼓勵生產者在設計過程中使用環保設計並且進行產品壽命週期的管理。對於收集、處理及回收這些廢棄電氣、電子設備的資金，該指令規定實施「生產商責任制」。生產商在將一項產品投放市場時要提供財務保證，以確保產品報廢回收的處理費用由該生產商承擔。生產商必須在該指令生效之日起一定時間內（30 個月內），在其銷售的產品上對其銷售時間和生產商名稱進行標註，以確認未來回收的責任。對於「歷史垃圾」，即該指令生效之日前一定時間（30 個月）已經售出的產品所產生的廢物，將按照一定方式，由各生產商按照當時其產品在歐盟市場所占比率進行分攤。

2. WEEE 指令的影響範圍

從監控範圍來看，WEEE 指令只從電子電器設備的回收處理環節著手，對其廢棄物的收集、回收和利用做出了相關指標要求，規定了生產商處理廢棄物的職責。在 WEEE 指令中涉及的電子電器設備指的是正常工作需要依賴電流或者電磁場的設備以及產生、傳遞和測量電流與磁場的設備。其工作電壓為：直流電壓小於 1000 伏，交流電壓小於 1500 伏。針對的產品涵蓋了如表 7.1 所示的 10 類產品：

表 7.1　　WEEE 指令涉及產品種類一覽表

分類	舉例
大型家用電器	冰箱、洗衣機、微波爐等
小型家用電器	吸塵器、熨鬥、鐘表等
信息技術和遠程通訊設備	電腦、複印機、打印機等
用戶設備	電視機等
照明設備	熒光燈等
電氣和電子工具	電鋸、縫紉機等
玩具、休閒和運動設備	視頻游戲機，帶電氣、電子配件的運動器材等
醫用設備	放射治療儀、體外診斷設備等
監視和控製裝置	菸霧報警器等
自動售貨機	冷熱飲料售貨機、自動取款機等

資料來源：歐盟 WEEE 指令，2003 年。

二、RoHS 和 WEEE 指令對中國出口貿易的影響

自 1975 年中國與歐共體建交以來，雙邊貿易得到了快速的

發展。據中國海關總署發布的最新數據顯示，2007 年第一季度歐盟已經成為中國第一大貿易夥伴，雙邊貿易總值 753.9 億美元，增長 30.3%，高出同期中國總體貿易發展增速 7 個百分點。中國與歐盟的貿易具有較強的互補性，歐盟向中國出口的主要是資金與技術密集型產品，中國出口歐盟的產品以勞動密集型產品為主，隨著這 30 來年的發展，中國對歐盟的出口結構已從傳統的輕紡、玩具、農副土特產品轉向具有較高技術含量的機電產品為主。而歐盟發布的 RoHS 和 WEEE 指令，很大程度上是針對機電產品，不可否認其一定會對中國出口貿易產生很大的影響。一方面會帶來了出口難度增大、出口成本升高和出口額度降低等直接影響；另一方面，還給所涉商品的設計、生產、流通，回收處理等各個環節和過程產生巨大而深遠的直接和間接影響。

（一）RoHS 和 WEEE 指令對中國出口貿易的直接影響

1. 涉及商品出口難度增大

RoHS 指令規定在新投放市場的電氣電子設備中禁止使用鉛、汞、鎘等 6 種有害物質，生產商必須研發上述物質的替代品（即存在對環境影響更小的替代品）。WEEE 指令規定：在產品設計時，應鼓勵考慮並有利於報廢電子電氣設備及其部件和材料的分解與回收，特別是再利用和再循環的電子電氣設備的設計和生產。

歐盟成員方在 WEEE 和 RoHS 指令制定之前就存在禁止使用上述物質的相關規定，歐盟內部生產商在替代產品的研發上比歐盟以外生產商領先一步。它們在其長期戰略規劃中均有各自的環境化目標，在技術方面有相當的儲備，部分知名公司還間接參與到歐盟指令的制定。也就是說，在效果上講，這些指令對歐盟以內生產商以及歐盟以外生產商造成的影響是不同的。歐盟將以這些法令來構築貿易壁壘，限制歐盟之外國家的商品進入歐盟市場，所以，最終受益最大的將是歐盟國家的企業，這些政策將大大提高他們在歐盟市場甚至國際市場上的競爭力。

此外，RoHS 指令涉及如何證明產品不含有指令禁止使用的有害物質，這就要求企業提供歐盟認可的自我聲明或通過官方監督檢測的方式，包括從原料到成品的所有指標的檢測。而我們都知道，銷往歐盟的產品一定要獲得 CE 認證才能進入歐盟市場，這使得中國的出口企業不僅需要花費昂貴的檢測費，還要付出相當長的時間成本，從而抬高了企業的市場准入門檻。

2. 涉及商品出口成本升高

中國企業在歐盟市場的最大競爭力就是價格優勢，這些指令給中國企業最直接的影響就是出口歐盟成本大大增加，中國企業的製造成本優勢將逐漸失去，這對一直依靠低廉的價格取得競爭優勢的中國企業來說，無疑是非常沉重的打擊。RoHS 和 WEEE 指令對出口產品的成本影響主要包括以下幾個方面。

（1）垃圾的回收處理費用增加了成本。2005 年 8 月 13 日以后投放市場的產品，生產者應支付所有自己生產的產品的回收、處理、再循環和環保丟棄物處理的費用。歐盟規定回收率和再利用率為 70% ~80%，而這部分在 WEEE 指令出抬前是沒有強制要求處理的。據悉，瑞典一家回收公司收費標準為：微波爐每件 4.9 歐元、洗衣機每件 9.2 歐元。荷蘭某公司開出的收費標準為冰箱每件 17 歐元。而我們知道，由於中國的生產製造上商大多處於供應鏈的末端，同時加上行業間的競爭加大，像空調這樣的行業的利潤已經小於 10%，這樣的回收成本價格也會對他們的成本控製帶來很大的壓力。

（2）對有害物質的檢測增加了成本。歐盟制定了相應的法律，對如何確定產品是否符合要求必須通過必要的手段進行檢測；生產企業要生產符合要求的產品也要對構成產品的所有原材料和零部件逐一識別，確保不含歐盟禁止的六大有害物質。

我們可以知道任何一個機電設備都是由很多零部件組成的，這些零部件中包含了塑料件、五金件、電子元器件等，對這些零部件的測試，都需要成品製造商及零部件供應商付出相當的檢測費用。

（3）替代材料增加了成本。目前，除歐盟一些國家外，企業生產的大部分電子電器產品都或多或少使用了 6 種被禁的有害物質，尋找替代品要增加產品的成本；並且就目前來說，有些被禁的有害物質還難以找到合適的替代品，而使用替代品要求對相關製造過程和生產工藝裝備進行改進。一家向歐盟出口小家電的企業負責人透露：像製造水壺、咖啡壺、麵包機等用的含鉛焊錫材料只要 110～120 元，但無鉛焊錫材料成本則達到 250～260 元，僅這一項，就會使該項成本提高 100%～200%。

（4）在設計和生產過程中增加的成本。就 WEEE 指令而言，它是要求生產商在設計時就鼓勵產品設計時要考慮拆解，並採取有利於再利用的設計及生產工藝。在生產過程中，由於 RoHS 指令要求產品中鉛、汞、鎘等 6 種物質的含量不得超過限值。這不僅使得原材料需要符合標準，同時在生產加工過程中需要避免在任何一個環節沾染上有毒有害物質，所以很多企業都會選擇使用專門的生產線來生產銷往歐盟的產品。並且在生產過程中用於週轉的容器也是專門為歐盟產品準備的，並需要做出明確的標示。與此同時，其加工工藝也隨著發生了變革，隨著發生變化的就是新的加工工藝帶來的能耗的增加：如無鉛焊接、鉻鈍化過程等過程所要求的加工溫度就明顯高於原有的加工工藝。

（二）RoHS 和 WEEE 指令對中國出口貿易的間接影響

RoHS 和 WEEE 指令的頒布和施行，從產品角度看，不僅涉及初級產品，而且涉及所有的中間產品和製成品；從過程看，涵蓋了研究、開發、生產、加工、包裝、運輸、銷售、消費以及處置等產品的整個生命週期。因此 RoHS 和 WEEE 指令除了帶來商品出口難度增大、出口成本升高和出口額度降低等直接影響之外，還給中國企業帶來了以下五個方面的間接影響：

1. 迫使中國出口企業重新構建綠色供應鏈

RoHS 和 WEEE 指令使得出口企業將更加強調綠色供應鏈。綠色供應鏈是在傳統供應鏈的基礎上融入了環境意識，從產品生命週期的角度出發，綜合考慮包括產品原材料獲取、產品的設計與製造、產品的銷售與運輸、產品使用以及產品回收再利用的整個過程；通過綠色技術與供應鏈管理手段，實現產品生命週期內環境負影響最小、資源及能源利用率最高和供應鏈系統整體效益最優的目標。

2. 可能形成新的技術壟斷和知識產權問題

由於歐洲和美國、日本等一些發達國家或者國際型大企業早已展開替代物質和技術的研究或者已經掌握或正在使用不含有這 6 種有害物質的技術，日本有些企業已經申請了相關專利。中國對這方面的技術研究顯然落后於這些國家或企業，因此造成技術水平差距加大，在某些領域甚至會出現新的技術壟斷。

3. 刺激循環經濟和綠色經濟的迅猛發展

這兩個指令已在歐洲各國實行，並逐漸成為全球性的國際標準。在競爭激烈的電子產業市場，不能符合此環保標準的勢必被淘汰。許多由電器電子設備支持的工業，如金屬表面處理、化工、印刷、包裝等行業，也將會受到嚴重影響。此外，WEEE、RoHS 指令的實施至少會對世界電子電氣產業產生以下影響：

（1）刺激循環經濟體系的建立，而且在選擇原材料時，生產廠家亦不會過分兼顧產品的一次性成本。

（2）綠色生產在目前的 RoHS 和 WEEE 指令的成功推行，將來很快會推廣至所有消費產品。事實上，我們從歐盟 RoHS 和

WEEE 指令頒布后，各國相繼頒布的相關法律可以看出，類似法律的約束對象已經由電子電器產品向珠寶、兒童用品等產品發展。因此，RoHS 和 WEEE 指令將對循環經濟和綠色經濟起到強烈的刺激作用。

4. 改變依賴資源高消耗的出口增長模式

在大力發展循環經濟和環境保護浪潮席捲全球的今天，RoHS 指令和 WEEE 指令對中國產業結構升級、重視環境保護、完善再生資源回收利用體系、全面推行清潔生產、形成節約型增長方式等方面都將產生積極的影響。從環境保護和循環經濟角度上來講，RoHS 指令和 WEEE 指令的實施將促使中國企業重視環境保護和資源保護，加快環保綠色產品的研究、設計和產業化生產，更加重視企業核心技術的研製和發展，積極開發和推廣資源節約、替代和循環利用技術，加快企業節能降耗的技術改造，形成健康文明、節約資源的出口產品生產模式。

5. 加快中國開始類似的環保立法進程

在歐盟指令頒布后的不久，中國政府也擬定了《電子信息產品污染控製辦法》，《廢棄家用電器與電子產品污染防治型技術政策》，並於 2007 年 3 月開始正式實施。這兩個法規對應於 2003 年歐盟頒布的 RoHS 和 WEEE 指令，其主要目的是為了減少家用電器和電子產品使用廢棄后的廢物產生量，提高資源回收利用率，控製其在綜合利用和處置過程中的環境污染而制定的。和歐盟的 WEEE 一樣，中國的《電子信息產品污染控製辦法》和《廢棄家用電器與電子產品污染防治型技術政策》也鼓勵產品生產者在設計過程中採用環保設計，包括：減少有害物質的使用、延長產品使用壽命、提高產品再使用和再利用的特性、提高產品零部件的互換性以及合理使用包裝材料五項技術要求。

同時，中國的這兩項法規也要求在包裝上採取對有毒有害物質實行標示的制度，尤其值得一提的是《廢棄家用電器與電子產品污染防治型技術政策》針對含有危害物質的電子產品零部件，如陰極射線管、液晶顯示器、線路板、含多溴聯苯和多溴聯苯醚的電線及電池的處理方式提出了現階段鼓勵採用的最佳可行技術以及相關的防護要求。同時，該技術政策還鼓勵各生產者發展諸如替代錫鉛焊接的技術等有利於減少電子產品中的有害物質的生產技術等。

三、中國應對 RoHS 和 WEEE 指令的對策探討

如何更好地應對 RoHS 和 WEEE 指令的所形成的「綠色貿易壁壘」，應該從政府和企業兩個層次採取應對之策。

（一）政府應對這兩項指令的策略

歐盟頒布的指令，說到底是以環境安全和人民健康為由，為本國製造商獲得超額利潤而由政府出面頒布的，要應對這兩項指令，中國政府的態度及措施就顯得尤為重要。

1. 建立和完善中國環境保護法律制度及中國保護性的技術貿易壁壘

盡快建立健全環境保護法律法規，強化貿易環境執法力度，提高環保意識。盡快推行國際環境標準制度，逐步與國際接軌。

發達國家尤其是歐盟這些指令的頒布不僅是針對國際貿易所設置的「綠色壁壘」，而且會促使污染嚴重的產業和不合標準的產品轉移到發展中國家。中國應提高警惕，加強對進口商品的管理、審查以及檢測，堅決杜絕危險、有毒的廢舊物資進口，以保證中國居民的身體健康和生態環境免遭破壞。如果中國政府不積極的構造相關法律系統，中國不僅會喪失製造商的部分利潤，與此同時，還會為發達國家的電子垃圾埋單，成為他們的垃圾堆放場。

2. 建立國外技術貿易壁壘預警機制

中國應組織專門力量加大建立「綠色指令」信息中心和數據庫的力度，通過組織專門的人力、物力研究歐盟的技術貿易壁壘體系，加強對「綠色指令」信息的收集、分類和研究，及時發布預警信息，為企業提供信息諮詢服務，及時向企業通報「綠色指令」信息。中國相關部門如質量監督檢驗檢疫部門應依據有關法律法規和標準，將國際上對相關標準和技術方面的要求及時通報企業，為企業提供及時和必要的信息。另外還可以發揮駐外經商機構，經貿研究機構優勢，定期收集、整理發布歐盟技術貿易壁壘的最新動態，研究歐盟主要貿易對象技術貿易壁壘對中國出口貿易的影響，及時採取積極防禦措施打破壁壘擴大出口。

但是，不管是質量監督檢驗檢疫部門還是相關的行業協會，在提供有關技術貿易壁壘的預警時，往往是針對歐盟或者相關國家已經頒布的法律法規。但實際上，在這個時候，留給中國製造商的應對時間已經很有限。為了更好地發揮相關機構的預警作用，我們應前瞻性的去關注這些有可能上升成為技術貿易壁壘的要求的發展軌跡，並根據程度的不同實施預警，就能夠更好地掌握主動，幫助生產廠商提前應對。

發達國家制定的很多標準，往往是全球一些知名大企業先行提出，比如說 TS16949 的認證標準，最開始是由國際上三大知名汽車商率先提出，並用於自身和其下游供應商的管理。后來，這些標準被廣大同行們紛紛採用，最后形成了對汽車整車及其供應鏈的質量管理體系進行認證的國際標準。

3. 利用爭端解決機制維護中國合法權益

改變當前中國貿易被動局面，抵制貿易壁壘的有效途徑之一，就是要及時地積極參與國際貿易游戲規則的制定，把握主動權。如以提高環境保護意識為目的，烏拉圭回合作出了《關於貿易與環境的決定》，其中就包含保護發展中國家在國際貿易中免受發達國家歧視的保障條款。因此，我們應充分利用相關的條款和國際組織協議，聯合發展中國家來抵制發達國家利用綠色保護而採取的歧視性政策，以保護中國對外貿易的順利發展。

此外，對歐盟成員國違反非歧視原則對中國出口產品規定高於其本國產品的技術標準而設置的技術貿易壁壘，中國可根據雙邊或多邊貿易協定所確定的國民待遇和最惠國待遇原則提出抗辯，依據國際公約協議對發展中國家的特殊照顧規定通過磋商談判解決。像反傾銷一樣，大家在面對 RoHS 和 WEEE 指令帶來的綠色貿易壁壘時，運用合理的武器，在合法的框架下解決相關爭端。

4. 積極推廣國際標準開展國際認證工作

在 ISO/IEC 的現行 17,000 多項標準中，由中國起草被批准的，加上現在由中國起草正在走程序的標準共計 50 多項，只占 3‰，這與中國已經是世界上第三大貿易大國的現狀極不相稱。

在建立中國技術法規體系時，應積極採用國際標準，特別要關注歐盟標準。因為歐盟標準代表國際先進技術水平的標準，採用它不僅可以提高中國的生產水平和產品質量，而且可以消除歐盟國家技術貿易壁壘的影響，使中國產品順利進入歐盟市場。此外，還應健全和完善認證制度，建立有效完善的國內技術貿易壁壘體系。一方面促使中國國內企業加強技術貿易壁壘的認識，改進產品以適應各種先進標準；另一方面，也可以構築中國技術貿易壁壘體系，使外國因害怕報復而盡量減少歧視性的技術規定。

對於國際公認的標準、制度更要積極遵守。目前，為了順應 RoHS 和 WEEE 指令的實施，國際電工委員會電子元器件質量評定體系（IECQ）已經建立了 QC 080000 和 IECQHSPM 有害物質管理體系標準。國際多個認證機構已經開始全面推廣和實施QC080000 和 ECQHSPM 的認證。針對 QC080000 和 IECQ HSPM 以及其他類似的國際環境標準，中國的相關職能部門完全可以效仿 ISO9000 和 ISO14000 的做法，盡快建立和完善中國對應的環境保護的法律法規，並努力予以推廣。

5. 大力加強政府對綠色企業的扶持力度

RoHS 指令的實施，其本質上是為保護人類的健康和生存的環境。要使中國的環境問題得到有效控製，需要大力發展中國的綠色產業。要使綠色產品和技術走出國門，這離不開政府部門的扶持。政府部門應給予綠色企業以優惠的鼓勵政策，加大對綠色企業的資金投入、技術引進的支持。加大環保方面的立法，積極鼓勵綠色產品的生產，對那些污染嚴重，消耗大，環境危害嚴重的企業要加大監管的力度。只有這樣，才能真正保護那些綠色企業，才能避免「劣幣淘汰良幣」的惡性循環。政府可以通過扶持與懲罰等多種手段，幫助並促使中國相關產業鏈向低污染、低能耗、高環保升級，促進中國的綠色產業和機電產品出口的快速發展。

(二) 企業應對 RoHS 和 WEEE 指令的策略

作為 RoHS 和 WEEE 指令等技術貿易壁壘的直接受害者，中國企業也需要積極應對，可以從以下幾個方面著手：

1. 企業應正確認識 RoHS 和 WEEE 指令

正確認識 RoHS 和 WEEE 指令，將有利於尋求根本的解決辦法。RoHS 和 WEEE 指令雖然構成了事實上的貿易壁壘，但它們的初衷並不是構建貿易壁壘，而是為了保護環境和減少資源消耗。在大力發展循環經濟和人們對環境保護日益重視的時代，重視環境保護、實現可持續發展已是大勢所趨。要想保持中國對外貿易出口的穩定與可持續發展，就必須順應這一形勢。「綠色產品」概念已經成為了消費者的終極需求。隨著消費者環境意識與自我健康意識的增強，綠色經濟將成為 21 世紀世界經濟發展的重點，綠色產品、綠色消費將成為國際市場的主流。在看到「綠色指令」對中國機電產品出口造成的嚴重影響的同時，也要看到它們對環境保護方面所起的作用。從某種意義上說這些指令的限制將有利於中國機電產品的技術革新和升級換代，從而可以提升中國機電產品的總體競爭力。

2. 加快環保產品、環保工藝及設備的開發

以高科技促進貿易發展，大力開發環保產品是應對「綠色雙指令」的有效途徑。在環境保護越來越重要的今天，中國機電產品製造業必須建立和完善企業技術創新體系，不斷加強技術開發力量，加快開發具有自主知識產權和符合環境保護要求的技術和主導產品。積極探索新的技術創新模式，如開展多種形式的產、學、研結合，吸引科研機構和大專院校的科研力量進入企業，實現技術上的突破與跨越，促進科技成果向現實生產力的轉化，努力形成有效的技術創新機制。同時，積極開展國際合作，引進最新專利技術，消化、吸收並進行新的開發，迅速形成自有高科技水平的環保產品。對於那些粗加工、低附加值，忽視環境保護的產品應加快改進步伐，對產品設計、原材料使用、生產銷售和廢棄物回收再生的全過程加強質量和環境控製，取得 ISO14000 環境管理系列標準認證以及 IECQ HSPM 和 QC 080000 有害物質管理體系認證，提高出口產品的國際競爭能力。

3. 積極發展綠色產品、走綠色貿易之路

隨著保護環境與保護資源意識的不斷加強，一個以環境與資源保護為目的的新興行業——綠色產業正方興未艾。中國應順應這一潮流，轉變經營理念，發展綠色市場，開發綠色產品，如改造產品設計、包裝、提高產品質量，努力達到各種技術、安全、衛生與環境標準以及包裝、標籤規範，以順應綠色消費

的需求，走綠色貿易之路將是今后國際貿易的基本發展趨向之一。

在產品的設計、生產、銷售、回收處理等所有階段都必須考慮到環境和資源的保護。通過綠色設計，在設計階段就將環境因素納入產品設計之中，在新產品設計時必須主要考慮材料選擇、可拆卸性設計、可回收設計、節能設計等，提高資源和能源利用率；通過綠色採購，嚴格指定供貨商的環保要求，採購無污染、能耗低、回收率高的零配件或原材料；通過綠色製造，採用能源和資源利用率高、廢棄物和有害排放物少的高效加工工藝，減少邊角廢料的產生，從而達到節約資源的目的。產品銷售后，還應該考慮對已銷產品的綠色處理，在產品最終廢棄階段，則要充分考慮如何回收、循環利用及妥善處置，使資源可以重新返回到物質循環鏈中。

4. 合理利用 RoHS 指令的相關豁免條款

RoHS 指令由於強行在某些產品上限制這六種物質的使用，導致這些產品的安全性、穩定性得不到保證，甚至實現不了該產品的應具有的主要使用功能。因此，歐盟不得不多次召開會議制定出相關豁免條款來對放寬某些產品中有害物質的限量或者允許在某些產品中使用某種或某幾種有害物質。事實上，歐盟從該指令頒布起，就不斷地在成員國中召開會議來討論相關的豁免清單。截至 2006 年年底，歐盟已經討論通過六次 RoHS 指令豁免清單，包括 2002 - 95 - EC、2005 - 717 - EC、2005 - 747 - EC、2006 - 310 - EC、2006 - 690 - EC、2006 - 691 - EC、2006 - 692 - EC 從最初的 6 項增加到了現在的 29 項，並且又在 2007 年 7 月再次向所有成員國徵求新的豁免項目清單意見。中國的製造商完全可以利用此途徑，向歐盟反應，以爭取能將產品列入豁免清單中。

5. 加強對供應鏈的管理

我們知道，RoHS 和 WEEE 指令雖然是對出口到歐盟的產品的要求，間接上也是對這些商品的供應鏈能力提出了考驗。實施 RoHS 和 WEEE 指令需要從整個供應鏈的角度來系統地解決產品的符合性問題，這需要所有相關方的努力，包括所有被指令所影響的上游供應商、製造商、銷售商、服務商和回收處理商等。因此，要很好地滿足指令的要求，加強對供應鏈及渠道的管理是必不可少的。我們可以看到：國內知名的家電製造商，如海爾、科龍等已經在其對供應商的要求中加入了相關標準，並積極推動其供應商取得 ISO14000QC080000 和 IECQHSPM 的認證。

總之，綠色貿易壁壘已經成為國際貿易中非關稅貿易壁壘的主要形式，對國際貿易的正常發展產生很大的阻礙，損害了各國的利益，尤其是對廣大發展中國家的傷害，尤為嚴重。

我們並不否認，綠色貿易壁壘在實施過程中能夠對環境保護、人類健康產生一定的積極作用。但是，儘管綠色貿易壁壘具有一定的合法依據，卻仍無法改變綠色貿易壁壘具有貿易保護的性質。因此，積極地採取相應的措施，應對綠色貿易壁壘是我們必然的選擇。

中國要不斷提高自身技術水平，實施標準化戰略、可持續發展戰略，以優質的產品、綠色的生產來提高中國產品在國際市場上的競爭力，通過積極採取對策，減少綠色貿易壁壘可能帶來的不利影響，實現中國貿易的長足發展。

案例分析　永通集團積極突破綠色壁壘

加入 WTO 對中國紡織業是一個最大的「利好」消息。根據 ATC 協議（世貿組織紡織品與服裝協議），在 5 年過渡期內，中國在設限國的紡織品配額在現行基礎上年增率為 25%，這意味著中國紡織品的出口每年將增加 5000 萬美元的機會。專家指出，如果加上其他不設限的國家和地區，加入 WTO 后中國紡織品服裝的出口每年至少可增加10億美元的機會。但是，如果我們不能破除技術性貿易壁壘的屏障，這個巨大的市場只能是「水中月」、「鏡中花」——可望而不可即。

一、案情

浙江一家專門從事女裝出口的制衣公司將一批成衣按訂單要求發往德國時，卻被拒之門外。鬱悶不已的經營者被告知：不是服裝尺寸不對路，而是小小的紐扣出了大問題——不符合環保要求。制衣公司當即與紐扣廠聯繫。從來沒有聽說過紐扣還有環保問題的廠家趕緊按要求重新製作了一批紐扣，換了紐扣后的這批服裝才得以「過關」。

浙江紹興雪爾服飾有限公司董事長蔣國良告訴記者，紡織品出口在歐盟國家的檢驗中有幾項重要的指標就是染料中的偶氮和19種分散染料（染料的幾種有害化學成分）是否超標。加入WTO后，作為紡織大縣的紹興出現了空前的出口好勢頭，但不少紹興紡織品在歐洲國家屢屢受挫，多數問題卻出在染料上。要解決這個問題，光印染企業、服裝廠急還不行，而是要從為印染廠提供染料的化工行業抓起。

中國化工網總裁孫德良說，雖然國內有數百家生產染料的企業，但環保型的活性染料市場有6成以上被德國巴斯夫等國外大公司所控製，其價格相當於國內企業的兩倍。由於國內同類染料的性能不夠穩定，紡織品出口企業還是忍痛花高價買進口染料。而一用進口染料，中國紡織品的原有價格優勢就岌岌可危。紹興縣委宣傳部長章長勝認為，雖然我們通過艱苦的談判加入了世貿組織，紡織品的配額問題開始得到解決，但如果在綠色壁壘上不能突破的話，我們仍然會繼續受制於人，與巨大的商機擦肩而過。

紹興縣外經部門在工作中形成制度，收集各企業在出口中遇到的新信息、新問題，總結歸納提供給所有企業參考。如今在紹興的輕紡行業中，已經形成針對不同層次市場需求的多層次外貿產品結構，有效地緩解了綠色壁壘帶來的壓力。

1998年，紹興錢清鎮的永通染織集團有一批價值100萬元的紡織品出口到歐洲。結果在檢測中出了問題，說是布料裡有一種化學成分對人體有害，要退貨。這批貨又漂洋過海回到了國內，退貨中轉的各種費用差不多超過布料本身的價格了。100萬元莫名其妙地打了水漂，企業上下都感到不可思議：布料是好的，顏色也是對路的，怎麼會在染料上出問題？按照當地其他企業的做法，「一朝遭蛇咬，十年怕井繩」，永通人可能再也不敢衝歐洲市場了。但在廣泛調查基礎上摸清了原由的永通人發現，綠色環保、對人體無害是一種世界潮流。如果這一關過不了，最后肯定會被世界市場尤其是歐美高檔市場淘汰。要搶占國際市場的制高點，必須強化產品的「綠色」意識。

痛定思痛，永通集團積極尋求破解綠色壁壘之法。當初，國內化工行業還沒有環保染料，永通就用國外的，儘管在大力開源節流之后，成本還是高了30%，出口幾乎無利可圖。但是永通人下定決心，要在世界市場上打響這張「綠色」牌。集團不僅將染料全部改為環保型產品，還斥資200多萬元在企業內部建立了檢測中心。

破解了綠色壁壘后的永通集團如同掌握了阿里巴巴「芝麻開門」的秘訣一樣，順利打開了歐洲市場，並牢牢占據了世界市場中的份額。這家10多年前還名不見經傳的民營企業，2001年在全國印染行業中創下了產量、銷售、出口三項全國冠軍，外貿出口超過1億美元，產品行銷75個國家，其中，歐美國家占了40%。2002年年前三個月，產品出口又比上年同期增長了60%，讓業內人士連連稱奇。如今，隨著國內環保染料價格的總體走低，永通集團的效益顯著提高。總經理李傳海深有感觸地說：「綠色壁壘不可怕，關鍵是要圖『破壁』。」

二、案例分析

這些紡織品服裝案例中，我們選取的是一些有超前意識，積極破壁的企業。這部分企業讓我們感到欣慰，但同時我們也應該看到：

首先，積極破壁並不是一個企業、兩個企業自己的事情。因為一個企業的經營活動不可能涵蓋其所需要的所有的方方面面，企業還需要與市場上的其他企業進行交換。也就是說，一個企業產品的質量不僅僅取決於該企業自身的生產技術水平，還取決於與其相關的其他企業的技術水平。如本例中，要提高服裝業的產品質量則必須要同時提高紡織、印染和為印染提供染料的化工行業的質量。所以，破壁僅靠一兩個企業的力量是不夠的，它需要各相關企業的配合、共同發展，而這種配合需要政府、行業組織的引導、協調。在當今的國際貿易戰中，發達國家的政府、行業協會、企業已經處於新的利益共同體中，建立政府領導下的政府、行業協會、企業為主體的多層次產業預警機制，是 WTO 自由貿易目標及其規則的客觀要求。而目前中國尚未建立起這一機制，尤其是行業協會沒有發揮其應有的作用，難以賦予本國企業相對的團體競爭優勢，缺乏與國外貿易夥伴的民間性溝通與對話，這不利於中國企業參與國際競爭並加大了貿易摩擦的可能性。

在上面永通集團的例子中，我們看到，該集團為了提高產品質量在企業內部建立了檢測中心。作為一個企業，我們說永通集團是有前瞻意識的。但我們從一個社會、一個國家的角度來看，也不需要每個企業都自己建立一個檢測中心，這是極其不經濟的。但這也從一個側面反應出，中國檢測技術的滯后性以及加快改革的迫切性。

對於中國大多數的紡織企業來講，其環保意識還停留在污染的末端治理上，有些企業甚至對末端治理也不重視。而現在，在一些發達國家，治理已經從末端治理、生產過程污染預防這兩個階段，進入從產品設計到廢棄回收利用再生的第三階段。如果在綠色壁壘面前，停步不前或者等待觀望，其結局只能是死路一條。紹興永通染織集團「吃虧」之后醒悟過來，走上了成功的道路，而對如今的企業來說，已經不能再把所有的行動放到教訓之后，但為時已晚。在這方面，政府、行業協會要加大宣傳的力度，使企業建立清潔生產的觀念，將環保理念貫徹落實到生產的每一個環節，並鼓勵企業申請ISO4000認證，從而取得進入國際市場的「綠色通行證」。

第八章　藍色貿易壁壘及其應對策略

在全球貿易自由化的大背景下，隨著關稅壁壘的大幅度下降和傳統的非關稅壁壘的大量減少，一種新的貿易壁壘——藍色壁壘，正逐漸成為歐美等國家保護國內市場的新手段。

藍色壁壘是指那些打著保護勞工利益和企業社會責任的幌子，實施貿易保護主義的行為。「藍色壁壘」正在逐步成為繼綠色壁壘之后，對中國出口貿易的又一道新的壁壘，人們也稱它為「勞動壁壘」或「社會壁壘」，「藍色壁壘」的核心是SA8000 標準。

SA8000 是全球第一個可用於第三方認證的社會責任管理體系標準，目前，許多歐美國家的跨國採購商都將 SA8000 作為一種對供應商的新的審核標準。受 SA8000 影響的主要是勞動密集型產業，中國是最大的勞動密集型產品出口國，因此，研究「藍色壁壘」對中國出口貿易的影響，不僅能豐富當今關於非關稅壁壘問題的討論，更能為中國擴大出口，採取積極措施應對「藍色壁壘」提供參考和指導。

第一節　藍色貿易壁壘的內涵

一、藍色貿易壁壘的涵義

藍色貿易壁壘是以保護勞動者勞動權益和生存權利為借口而採取的貿易保護措施，因其主要是以保護藍領工人的權益為借口，所以被形象地稱為藍色貿易壁壘，簡稱「藍色壁壘」，又稱為勞工標準壁壘和社會責任標準壁壘。它的核心問題是勞工標準問題。人們一般把針對進出口商品所設置的勞工標準和企業社會責任標準稱為藍色條款，把符合此標準的商品稱為藍色產品，藍色貿易制度則是體現和貫徹企業社會責任原則的貿易制度。一些藍色貿易壁壘的實施有助於維護勞工權益、完善企業社會責任體系，是合理的；而有些國家打著保護勞工利益和企業社會責任的幌子實施貿易保護主義行為，構築起不合理的藍色貿易壁壘。

二、藍色貿易壁壘的特點

藍色貿易壁壘是一種新型貿易壁壘，其與傳統貿易壁壘有著顯著的區別，具有如下特點：

（一）形式上的合法性

藍色貿易壁壘名義上是以保護勞工權益和改善工人工作條件和環境為目的，主要依據《國際勞工組織公約》、《聯合國兒童福利公約》和《世界人權宣言》等的要求，具有合理的一面。然而，不同經濟發展水平國家的勞工標準不同，發達國家往往堂而皇之的在國際上以人權、人道主義為幌子大做文章，要求發展中國家採取與發達國家一致的勞工標準，這分明是以保護勞工為名，行貿易保護之實，這就是實質上的不合法和不合理。

(二) 保護手段的多樣性和靈活性

藍色貿易壁壘措施名目繁多，手段多樣，既有強制性措施，也有自願性措施。如對違反所謂國際「公認」勞工標準的國家的產品採取徵收附加稅、限制或禁止嚴重違反基本勞工標準的產品進口、以勞工標準為由實施貿易制裁、跨國公司的工廠審核（客戶驗廠）、社會責任產品標誌計劃以及社會責任工廠認證等眾多的措施。而且在實施貿易保護時，進口國可以根據具體情況靈活選擇自己認為最合適的手段。

(三) 保護方式的隱蔽性

藍色貿易壁壘保護的是產品生產過程中勞工的權利，它隱含在產品內部，而且涉及的內容繁多，包括勞動者的年齡、性別、身分、勞動者的勞動時間、工作環境；勞動者所在國家的社會保障、經濟發展程度，產業結構狀況、收入分配水平等，較難把握和控製。而傳統貿易壁壘無論是數量限制還是價格規範，相對較為透明，比較容易掌握和應對。所以，藍色貿易壁壘具有保護方式上的隱蔽性。

(四) 實質上的歧視性

發達國家一直主張各國應該採用統一的勞工標準，保障勞動者的合法權利，實現國際貿易的「公平競爭」，從表面上看起來一視同仁，實質上卻沒有考慮到發達國家與發展中國家在產業結構上存在的明顯不同，在社會經濟發展水平、教育文化和道德標準上也存在差距。對各類不同水平國家的產品規定同樣的市場准入條件，這是很不公平的。實際上受藍色貿易壁壘影響的主要集中在發展中國家的勞動密集型產業。因此藍色貿易壁壘實質上是發達國家對發展中國家的勞動密集型產業設置的單邊貿易壁壘，具有歧視性。

（五）內容上的複雜性

藍色貿易壁壘涉及的是國內勞動法規，它比傳統貿易壁壘中的關稅、許可證和配額複雜得多，而且藍色貿易壁壘涉及的商品和服務非常廣泛，同時，評定生產某一項產品的企業是否達到一定的勞工標準，程序非常複雜。

（六）實施上的爭議性

藍色貿易壁壘介於合理和不合理之間，又非常隱蔽和複雜，不同國家和地區間達成一致的勞工標準難度非常大，容易引起爭議，並且不易進行協調。

第二節　藍色貿易壁壘的產生和發展

一、藍色貿易壁壘產生的原因

早在20世紀20年代，歐洲一些國家曾對進口「低廉雇傭條件」的商品徵收特別關稅，這是較早的藍色貿易壁壘。20世紀70年代以來，隨著各國貿易的發展和各種勞工標準的完善，把以勞工標準為核心的藍色條款納入到貿易中的做法逐漸增多。藍色貿易壁壘產生的原因主要有以下幾點：

（一）藍色貿易壁壘產生的社會原因

首先是經濟全球化發展的要求。在經濟全球化的發展中，勞工問題全球化，它與反全球化運動相結合，使國際組織與非政府組織對勞工待遇日益重視，都急於尋求一個趨同的國際勞工標準，以促進全球化的穩定發展。然而，各國經濟發展水平不同，很難提出一個適用於全球200多個國際貿易參與國的工資、工時、職業安全和衛生、社會保障等標準，這為大多數發達國家提供了強行推廣其勞工標準規則的借口，堂而皇之地打著保護勞工利益和企業社會責任的幌子實施貿易保護行為。

其次是消費者對藍色產品的內生需求。隨著社會經濟的發展，人們的生活水平日益提高，人們的消費心理和消費偏好發生了很大的變化，尤其是發達國家的消費者對產品的勞工屬性給予了廣泛關注。民意測驗結果顯示，無論是出於人道還是其他目的，大部分美國民眾支持統一的勞工標準，希望參與國際貿易的低標準國家能夠提高勞工標準。這些發達國家的「新消費者」在消費時不僅關心商品的質量與安全性，而且要求瞭解產品是在何處生產的、是在何種環境下生產的、是由何人生產的以及它是在何種工作條件下生產的，然后再決定是否購買。20 世紀90 年代的「耐克案件」曾引起了廣泛關注。當媒體披露耐克公司設在印度、孟加拉國等國的工廠大量使用童工時，許多消費者自願組織起來，抵制耐克產品，使該公司不得不開始制定社會責任守則。消費者行為的這種新的變化促使發達國家政府和進口商在商品進口時加強了對勞工標準的審核。因此，消費者對藍色產品的內生需求是發達國家實施藍色貿易壁壘不可忽視的重要社會因素。(見表 8.1)

表 8.1　　　　PIPA **進行的民意測驗結果**

支持的觀點	占比(%)	反對的觀點	占比(%)
低勞工標準的國家形成不公平的競爭優勢	74	要求一國提高勞工標準會使該國勞工陷入更加貧窮的境地	37
一國應該遵守一個最低的勞工標準	84	應該由各國自行決定勞工標準國際社會不應該介入	41
結論：93% 的被調查者最終認為，參與國際貿易的各國應該遵守最低的勞工標準			

資料來源：Program on International Policy Attitudes, Americans on Globalization; A Study of US Public Attitudes, March28, 2000from http://www. PIPA. org.

（二）藍色貿易壁壘產生的經濟原因

藍色貿易壁壘產生的經濟原因：一方面是南北經濟發展不平衡問題的影響。近10年來，相對於發達國家而言，發展中國家的生產總量和人均產量保持著快速增長之勢，這引起了發達國家的不安。發達國家一方面以傾銷為借口，對來自所謂「低勞工標準」的國家採取單邊貿易保護；另一方面主張將勞工標準問題納入WTO談判議程，通過締結「藍色條款」，制定各成員方均應遵守的全球統一的最低勞工標準，對不符合該標準的國家施以貿易制裁，以抵消他們所認為的由於低勞工標準而造成的「國際貿易扭曲」。實際上是以此為借口抵消發展中國家在這方面的比較優勢，客觀上抑制了發展中國家經濟的發展。另一方面為了拯救滯脹的經濟，緩解國內失業壓力。20世紀90年代初以來，發達國家經濟處於緩慢增長和微弱衰退的「低迷」時期，經濟增長緩慢導致失業率居高不下。而與此相反，這段時間卻是發展中國家競爭能力日益增強的時期。在此情況下，各國政府的壓力增大，尤其是在各國勞工組織批評日益增多的情況下，發達國家為將矛盾轉移，指出其國內失業加重的重要原因之一是由於發展中國家大量低勞工標準商品的輸入，減少了他們國內的就業機會。同時，由於受到發展中國家相對豐富的廉價勞動力吸引，發達國家的資本大量輸出，等於把本國的就業機會讓給了發展中國家。因此，勞工標準作為一種短視的救濟策略，被發達國家重新採用並與國際貿易緊緊連在了一起。

（三）藍色貿易壁壘產生的政治原因

一方面，由於發展中國家對貿易的依存度較高，因而某些發達國家試圖以貿易相威脅，迫使發展中國家接受其人權概念，以達到政治干預的目的。另一方面，由於歐美國家工會的力量相當強大，在選舉過程中掌握著大量的票源，因而各個政黨都紛紛拉攏工會。而工會組織把近年來的工人工資增長緩慢，技術工人和非技術工人收入差距拉大以及失業等問題，歸因於發展中國家低價產品的競爭，歸因於發展中國家以「低勞工標準」進行的貿易。在這種情況下，貿易日益淪為霸權主義的工具，借勞工標準之名，通過貿易渠道，實現政治干預的目的。

(四) 藍色貿易壁壘產生的體制原因

世界貿易組織成立以后，從體制上健全完善了世界多邊貿易體制。貿易壁壘逐步削減，國際貿易環境向著良性的方向發展，自由貿易在全球範圍蓬勃開展。隨著多邊體制的發展和完善，各國可以採用的合法貿易保護工具已經為數不多，各種非關稅壁壘如技術壁壘，綠色壁壘等將受到多邊體制越來越嚴格的限制。因此，發達國家在極力唆使發展中國家大開國門之時，自身卻在極力搜尋和建立各種不明顯違反 WTO 原則規定的貿易壁壘。在這種情況下，西方發達國家看中了勞工標準所具有的複雜性、隨意性及多樣性的特點，將勞工標準演變成一種較為隱蔽的新的非關稅壁壘，以此抑制發展中國家的迅速崛起。

二、藍色貿易壁壘的發展

藍色貿易壁壘產生后，引起了國際社會的激烈爭論，並形成了以發達國家和發展中國家兩大不同的陣營。發達國家普遍認為藍色貿易壁壘不是貿易壁壘，而是一種有利於各國人權建設，有利於企業員工待遇提高的藍色貿易制度，應該在世界各國普及統一。相反，發展中國家對此持有截然相反的觀點，它們普遍認為以勞工待遇的改善來確定外貿訂單是一種貿易保護措施，有礙於貿易自由化的發展，並大大降低了發展中國家在國際貿易中的競爭優勢，不支持藍色條款進入貿易合同或任何多邊或雙邊貿易協定與條約當中。發達國家與發展中國家的爭論在 WTO 成立后更加激烈。

（一）藍色貿易壁壘的發展現狀

1. 責任國際標準 ISO26000 正在制定和完善中

國際標準化組織（ISO）於 2002 年專門成立了社會責任顧問組，充分考慮各跨國公司、民間組織以及有關國際組織制訂的相關標準，就制定社會責任國際標準進行了系統的可行性研究。2004 年 6 月 21 日至 22 日國際標準化組織在瑞典召開關於社會責任標準化的討論會，決定在國際標準化組織體系內制定企業社會責任標準。ISO26000（工作草案）初步確定了以下七方面的行為準則：組織治理、人權、勞工實踐、環境、公平運行實踐、消費者問題以及社會發展。2007 年 11 月，第五次社會責任工作組全會（The ISO Working Gronpon Social Responsibility）在維也納召開。會議對 ISO26000 的制定進程進行了評估，重新調整了原有的標準制訂計劃。會議決定在第 3 版工作草案（WD）的基礎上形成第 4 版工作草案（WD），並在 2008 年 9 月完稿（CD 委員會草案）。社會責任國際標準 ISO26000 的制定和完善為全球企業在此共同行為準則的基礎上承擔其社會責任。

2. 發達國家已經單方面實施藍色貿易壁壘以限制進口

美國貿易法規定，在確定普遍優惠制度的受益國時，應考慮該國是否已經採取或正在採取措施，向其本國的勞工提供國際公認的勞工權利。對於那些不符合核心勞工標準要求的國家，美國可以考慮撤銷、中止或限制向該國提供普遍優惠。2007 年 5 月，美國兩黨就未來的貿易協定中附加勞工標準問題達成協議。該協議規定，今后與美國簽署自由貿易協定的國家必須遵守國際勞工組織制定的 8 項核心勞工公約及其他有關環境等要求。該協議的達成，意味著美國政府以此為借口對發展中國家重樹藍色貿易壁壘。同時，美國關稅法也規定，在外國全部或部分由勞改犯人開採、生產的貨物，不得在美國的任何口岸入境。

在美國極力主張將貿易與勞工標準掛勾的同時，歐洲國家也提出了自己的主張。2002 年 1 月，歐盟推出了針對發展中國家的新的普遍優惠計劃（General Scheme of Preference，GPS），即確保尊重核心勞工標準的國家關稅減少兩倍，如果歐盟認為申請國能符合國際勞工標準，在 WTO 規定的基礎上其大量產品的關稅將減少 7%，否則，只減少 3.5%。新計劃還規定，損害核心勞工標準的國家將被排除在所有 GPS 優惠關稅之外。關稅加倍減少對發展中國家非常具有誘惑力。這些政策的目的也是促使發展中國家要將國際貿易自由化與勞工標準有效地結合。

3. 民間藍色貿易壁壘——自願性的跨國指導準則。

歐美等發達國家，除了在宏觀上，由政府通過制定相關國內法，在雙邊或區域性貿易談判中積極推行藍色貿易壁壘以外，勞工標準問題還呈現出越來越明顯的民間化趨勢。發達國家的非政府組織、行業協會以及企業作為微觀的行為主體，也在積極地推行勞工標準，主要通過自願性的跨國指導準則來推行。國際投資和貿易實踐中已出現了好幾種指導性準則，目前，國際上最具代表性的自願性指導準則當推社會責任國際制定的 SA8000 和跨國公司的生產守則。

SA8000（Social Accountability 8000）是美國的社會責任國際（SAI）和美國經濟優先領域鑒定代理委員會（CEPAA）等國際組織制定的一套配備有認證證書和監督機制的新標準。SAI 由來自 11 個國家的 20 個大型商業機構、非政府組織、工會、人權及兒童組織、學術團體、會計師事務所及認證機構組成。2001 年 12 月 12 日，經過 18 個月的公開諮詢和深入研究，SAI 發表了 SA8000 標準第一個修訂版，即 SA8000：2001。SA8000 標準一經產生就得到了西方發達國家的大力支持，成為最重要的認證標準之一，並成為藍色貿易壁壘的代名詞。它與 ISO9000 和 ISO14000 一樣，是一套可以被第三方認證機構獨立審核、認證的國際道德標準。所不同的是，SA8000 是國際採購商要求供應商的標準，用以向各國消費者表明有經過 SA8000 認證的產品符合社會責任的要求。它針對的是企業社會責任管理體系，ISO9000 和 ISO14000 針對的是質量和環境管理體系。它雖然只是一個民間自願性組織，尚未納入國際標準化組織（ISO）和世界貿易組織（WTO）的規則體系，但由於它具有一定的道德性並體現了「公平競爭」的觀念，近年來越來越多地得到許多國家、組織和企業界的認可。國際上許多知名企業，如耐克、通用電氣、諾基亞、福特等知名企業紛紛回應和參與認證，並要求他們的供應商也遵守這個標準。由於眾多的跨國公司借助這個標準陸續採取「清潔供應鏈（或產業鏈）」的行動，從而把這一認證活動迅速擴展到包括中國在內的多個發展中國家。據中國標準化協會不完全估計，從 1998 年以來，中國沿海地區至少已有 1.2 萬家工廠接受過跨國公司類似於 SA8000 的社會責任審核，有的企業因為表現良好獲得了更多的訂單，部分工廠則因為沒有改善的誠意而被取消了供應商資格。可見 SA8000 已經構成了一道新的貿易壁壘。

4. 通過推廣社會標籤計劃實施藍色貿易壁壘

發達國家還推廣社會標籤計劃（Social Labeling Scheme），即在一國產品上加貼表明生產和加工過程是否符合勞工標準的社會標籤，以讓消費者選擇、鑑別，這樣可以確保製造商和經銷商能遵守既定的準則。如歐共體已要求印度等國在其出口的商品上表明「非童工製造」的標示。

5. 藍色貿易壁壘正逐步走進多邊貿易領域

早在烏拉圭回合談判中歐美一些國家的代表就提出過勞工標準的問題，並試圖列入 WTO 的共同準則中，但當時遭到了發展中國家的強烈反對而失敗。1996 年 12 月在新加坡的 WTO 首屆部長級會議上，經過激烈的討論和討價還價，大會通過了部長會議宣言，「核心勞工標準」作為新議題被明確地列入了宣言的23個內容中。這就意味著：①發展中國家承認勞工標準是一個「問題」，並承諾予以解決；②這種折中的辦法意味著WTO確認了勞工標準，但未與貿易掛勾。1999年12月2日，克林頓在西雅圖召開的WTO部長級會議發言，聲稱要將不符合勞工標準的國家生產的產品排除在美國市場之外。此言一出，立即在會場上引起了軒然大波。許多國家紛紛表示抗議。西雅圖會議之后，各國都認識到國際貿易關係中勞工標準問題的嚴重性。所幸的是，在2002年2月召開的聯合國貿易與發展會議第十屆大會上，發展中國家對勞工標準達成了重要共識，即拒絕把勞工標準納入國際貿易制度中。

(二) 藍色貿易壁壘的發展趨勢

儘管發達國家和發展中國家之間在勞動生產率以及經濟發展水平方面存在巨大差距，如果強制性地採取統一的勞工標準來衡量和限制來自發展中國家的產品，對發展中國家來說是極不公平的。然而，在經濟全球化的大背景下，發展中國家在經濟上的弱勢和依賴地位是一個不爭的現實。勞工標準正從單邊貿易壁壘一步一步走向多邊領域。就其發展方向來看，勞工標準問題納入WTO多邊貿易正是大勢所趨，只不過是時間的問題。理由如下：

1. ISO26000有可能成為發達國家又一重大的貿易壁壘

責任國際標準ISO26000有可能成為未來發達國家限制發展中國家發展的重要貿易保護工具，成為又一重大的貿易壁壘。雖然ISO26000並不是一個管理系統，也不是為了用於第三方認證而出具的標準，只是作為一個指導性標準適用於所有機構。但是由於發達國家和發展中國家在社會、經濟和文化等多方面存在較大差異，因此，社會責任國際標準ISO26000的實施對二者的影響結果是不一樣的。發達國家由於具有先天的發展優勢，加之其高污染的製造業大多已轉移到了貧窮落后的發展中國家。而對於發展中國家來說，由於經濟技術條件比較落后和低下，發展問題是這些國家的首要問題，而實施社會責任國際標準對它們來說都存在一定的難度和負擔，高水平的社會責任標準甚至有可能制約其經濟發展。因此，社會責任國際標準 ISO26000 有可能成為藍色貿易壁壘重要的有力依據。

2. WTO 多邊貿易規則的主導制定者與推行者相一致

從現實性分析，整個國際政治經濟秩序的主導者還是發達國家，這在經濟貿易領域中的體現更加明顯。WTO 作為全球最大的和最具影響力的國際經濟組織，其多邊貿易規則的制定雖然是各成員平等談判和協商的結果，但談判的主導力量仍是發達國家。發展中國家雖然在數量上占優，但落后的生產技術水平使其仍充當追隨者的角色。各個 WTO 體制內新議題的提出及納入乃至已達成協議在各階段性的具體安排無一不體現出發達國家主導的痕跡。WTO《服務貿易總協定》（GATS）和《與貿易有關的知識產權協定》（TRPIS）的發展歷程就是明證。而在國際勞工標準問題上，發達國家的政府和工會都是國際勞工標準的積極推動者，雇主方面也表示接受，並且，這個意見已經被聯合國、國際勞工組織所認可。發展中國家相比之下力量很有限，其可行之策還是在制定規則的過程中爭取相對有利的貿易安排，而阻攔掛勾是不現實的。

3. 發達國家消費者對藍色產品的消費偏好使勞工標準已成為發展中國家現實的市場壓力

隨著企業社會責任運動的深入，發達國家一部分消費者已將產品是否符合勞工標準作為產品品質的一項要求。美國馬里蘭大學曾在 1995 年、1996 年、1999 年分三次進行社會調查，結果表明有超過 75% 的消費者將產品的生產過程是否符合勞工標準作為購買的選擇標準之一，這表明勞工標準已形成切實的市場壓力。

4. 世界貿易組織和國際勞工組織（ILO）之間具有廣泛的共同基礎

WTO 內部雖然在核心勞工標準方面暫未達成共識，但其承認 ILO 的權威，並支持 ILO 的工作。ILO 制定的核心勞工標準已被廣大 WTO 成員方所接受，這為在 WTO 中引入藍色條款打下了堅實的基礎。

5. WTO 接納綠色標準為藍色條款的介入提供了先例

目前，WTO 事實上已經承認了綠色標準的合理性，而綠色標準合法性的依據則是 GATT/WTO 框架的環保例外優先權以及多個涉及環境與貿易的決議和協定。有了綠色標準的先例，發達國家將更加積極地投身於將藍色條款納入 WTO 體制的事務中去。

第三節 藍色貿易壁壘的核心—— SA8000 標準

SA8000 標準是全球第一個可用於第三方認證的社會責任國際標準，它旨在通過有道德的採購活動改善全球工人的工作條件，最終達到公平而體面的工作條件。

一、SA8000 的概念

（一）SA8000 標準的形成

SA8000 社會責任標準於 1997 年 8 月由總部設在美國的社會責任國際組織 SAI 所制訂。2001 年 12 月通過修訂版，它是依據《國際勞工組織憲章》、《聯合國兒童權利公約》和《世界人權宣言》等國際條約制定的。該標準發布后，歐美等發達國家便憑藉《世界人權宣言》，利用民間力量、公眾輿論和譴責並且以「社會傾銷理論」為基礎，強制推行，對進口商施加壓力，要求其進口獲得 SA8000 認證的企業生產的產品，對違背 SA8000 標準的企業及其產品採取徵收附加稅、限制或禁止進口等強制性貿易措施。

（二）SA8000 標準的運作

社會責任國際組織 SAI 負責制定 SA8000 標準，同時它還負責 SA8000 標準的認證授權。被授權的認證機構均為專門從事國際標準認證的獨立公司，ISO9000、ISO14000 等標準多由這些機構認證。

任何公司都可以參與 SAI 的活動並有效利用 SA8000 標準，SAI 提供了兩種方法供不同的公司選用。對於以生產為主的製造商和工廠來說，它們可以直接向認證機構提出認證申請，由認證機構安排獨立的第三方審核。對於以銷售為主的零售商和批發商來說，它們可以向 SAI 提出申請，成為 SA8000 簽約會員，並提供一份工廠 SA8000 認證計劃，包括自有工廠和供貨商的工廠，並公開報告計劃的實施進度。

SAI 將認證機構名單及通過 SA8000 認證的公司名單向外界公布，任何團體和個人都可以向認證機構或者直接向 SAI 諮詢或者投訴認證過程中存在的問題。認證公司必須將有關情況向 SAI 報告，SAI 已經建立起一套程序來調查和處理有關的投訴和申訴。國際質量認證有限公司（BVQI）是 SA8000 標準的主要認證機構，也是法國國際檢驗局下屬的專門從事質量和環境體系認證及其他行業標準認證的國際機構，總部設在英國倫敦。BVQI 是認證公司數量最多、聲譽卓著的權威認證機構。它通過設在世界 154 個國家和地區的 580 多個辦事機構中的專家進行體系認證業務。

（三）SA8000 標準的基本內容

SA8000 標準是一個通用的標準，它不僅適用於發展中國家，也適用於發達國家；不僅適合於各類工商企業，也適合於公共機構；另外，SA8000 標準還可以代替公司或行業制定的社會責任守則。

SA8000 標準由 9 個要素組成，在以下領域制定了最低要求：

（1）童工。公司不應使用或支持使用童工，應與其他人員或利益團體採取必要的措施確保兒童和應受義務教育的青少年的教育，不得將其置於不安全或不健康的工作環境和條件下。

（2）強迫性勞動。公司不得使用或支持使用強迫性勞動，也不得要求員工在受雇起始時交納「押金」或寄存身分證件。

（3）組織工會的自由與集體談判的權利。公司應尊重所有員工的結社自由和集體談判權。

（4）歧視。公司不得因種族、社會階層、國籍、宗教、殘疾、性別、性取向、工會會員或政治歸屬等而對員工在聘用、報酬、訓練、升職、退休等方面有歧視行為；公司不能允許強迫性、虐待性或剝削性的性侵擾行為，包括姿勢、語言和身體的接觸。

（5）懲戒性措施。公司不得從事或支持體罰、精神或肉體脅迫以及言語侮辱。

（6）工作時間。公司應在任何情況下都不能經常要求員工一周工作超過 48 小時，並且每 7 天至少應有一天休假；每週加班時間不超過 12 小時，除非在特殊情況下及短期業務需要時不得要求加班，且應保證加班能獲得額外津貼。

（7）工資。公司支付給員工的工資不應低於法律或行業的最低標準，必須足以滿足員工的基本需求，並以員工方便的形式如現金或支票支付，對工資的扣除不能是懲罰性的，應保證不採取純勞務性質的合約安排或虛假的學徒工制度以規避有關法律所規定的對員工應盡的義務。

(8) 健康與安全。公司應具備避免各種工業與特定危害的設施，為員工提供安全健康的工作環境，採取足夠的措施，降低工作中的危險因素，盡量防止意外或健康傷害的發生，為所有員工提供安全衛生的生活環境，包括乾淨的浴室、潔淨安全的宿舍、衛生的食品存儲設備等。

(9) 管理系統。公司高管層應根據本標準制定符合社會責任與勞工條件的公司政策，並對此定期審核，委派專職的資深管理代表具體負責，同時讓非管理階層自選一名代表與其溝通，建立適當的程序，證明所選擇的供應商與分包商符合本標準的規定。

二、獲得 SA8000 認證的的條件與程序

取得 SA8000 認證需要滿足一定的條件並經過特定的程序：

(一) 企業提交認證申請，認證機構受理申請

企業（申請 SA8000 認證的機構可以是企業也可以是其他非企業的社會事業機構，為方便理解，這裡把申請 SA8000 的機構統稱為企業）提交 SA8000 認證的申請可以有以下兩種情況：一是企業在不具備認證的條件下，先向認證機構提交申請書，要求申請 SA8000 認證，然后在認證機構的指導下按 SA8000 的規定逐步完善；二是企業獨自根據 SA8000 的規定，完成一切認證的準備工作后，才向認證機構提交申請書，要求認證。認證機構在接到認證申請書后，一般都會很快安排對申請認證的機構進行評審，若申請認證機構提供的材料內容符合 SA8000 認證的基本條件則予以受理，否則將不予受理。在不予受理的情況下，若經雙方協商由認證機構指導認證準備工作，企業的認證申請也列入正在申請狀態。

（二）認證機構與申請認證企業簽訂認證委託合同

認證機構在開展審核之前會對申請認證的企業進行實地調查或訪問，以便瞭解申請認證企業的概況，明確審核的範圍、審核工作量和收集相關的資料。並就認證的相關內容如審核範圍、準則、報告內容、審核時間等與申請認證企業達成共識，進而簽訂委託認證合同，確定正式的委託認證關係，在簽訂合同的同時繳納委託認證費。

（三）認證機構對申請認證企業的認證預審

在委託認證合同簽訂后，認證機構會很快成立認證審核小組，指定審核組長，先開展認證預審工作。認證預審工作主要是文件的預審。認證機構對申請企業會有如下的具體要求：一是要求申請認證的企業提供社會責任管理手冊、程序文件及相關背景材料，供認證機構進行評審；二是認證審核小組會對申請認證企業提供的文件和材料進行詳細的預審，若發現文件存在重大問題，即要求申請認證企業進行修改並在修改后重新提供文件。對有一些需要進行整改的，認證機構將給予充足的時間，要求申請認證企業按 SA8000 標準的要求進行徹底的整改，甚至可以讓申請人資格因為實施整改措施延長至 2 年，直到按 SA8000 的要求整改完畢后，才進入正式認證審核。對於在認證預審中審核小組認為不需要整改的個案，則可以開始準備正式的認證審核。

（四）認證機構對申請認證企業的審核及頒發 SA8000 認證證書

審核小組對申請認證企業進行正式的認證審核后會向認證機構提交審核報告和審核結論，一般審核結論分為三種：推薦認證註冊、推遲認證註冊及暫緩認證註冊。所有 SA8000 的認證機構都各自設有技術委員會，技術委員會將審定來自審核小組推薦註冊的機構是否獲準通過。未獲準通過的企業，包括即使有時是審核小組初步審核通過的，都一概需要重新審核。認證機構對經過其技術委員會審定通過的企業，批准認證註冊並頒發 SA8000 認證證書。同時報 SAI 備案，並在其網站（www. saintl. org）公布。任何團體和個人在認證審核前，審核期間或審核后都可以向認證機構或者直接向 SAI 諮詢各類認證信息或投訴認證過程中存在的問題。

（五）認證機構對通過認證企業的監督審核及期滿重新審核

通過 SA8000 認證的企業可以利用證書的副本和 SA8000 的標示進行對外經營活動，但為了證實通過認證的企業的社會責任管理體系能維持並滿足 SA8000 的要求且達到了良好的實施和保持，認證機構將定期對通過認證的企業進行監督審核。對在監督審核中發現企業出現違反 SA8000 規定的問題，認證機構將會及時發出限期整改通知並監督企業按規定進行整改。

通過認證的企業在認證證書到期之前，應重新提出認證申請，認證機構受理后，重新對企業進行審核，即換證審核。對於曾經通過認證的企業的期滿重新審核，相對於首次的認證審核就沒有那麼繁瑣。證書有效期為 3 年，每 6 個月進行一次監督審核，每 3 年需申請復審一次。

三、中國在履行 SA8000 企業社會責任方面存在的問題

目前，SA8000 認證在中國還處於起步階段，大部分企業對該標準還不瞭解或瞭解很少。從客觀方面看，中國經濟發展水平較低，企業拿不出更多的資金用於改善勞工條件。從主觀方面看，企業對產品生產中應遵循社會責任的意識比較淡漠，政府、社會和公眾對企業實施社會責任的外在約束力不強。

從行業情況來看，中國獲得 SA8000 認證證書最多的是服裝、紡織、化工原料等勞動密集型行業。這些企業主要分佈在東南沿海貿易較發達的省份。雖然中國已有 119 家企業通過了

SA8000 認證，但大部分企業申請 SA8000 認證並不是自發的，而是由國外企業推動的。遵守 SA8000 並不是企業的一種主動行為，而是一種外在的要求。因此，企業是否實行 SA8000 認證，能否執行 SA8000 標準以及執行的程度如何，取決於外部壓力的大小和企業的成本—收益比較。

第四節　藍色貿易壁壘對中國出口貿易的影響

中國是一個貿易大國，國際貿易對中國的經濟發展具有十分重要的意義。中國正在逐步成為世界製造業的中心，但是，中國生產並出口的產品中，大部分是勞動密集型產品，如服裝、紡織品、鞋等。概括起來講，SA8000 標準對中國產品出口造成的影響主要是：

一、SA8000 標準成為訂單附加條件，限制了中國產品的出口

以 2005 年為例，2005 年美國對華貿易限制案件明顯增多，其中對華反傾銷調查案件 4 起，特保調查案件 1 起，共涉及中國出口產品價值 5.72 億美元；在紡織品方面，美國對中國多種紡織產品設限，並發起特保調查，涉及中國產品 24 種、出口金額 63 億美元。

目前，幾乎所有的歐美企業都對其全球供應商和承包商進行社會責任評估和審核，只有通過審核與評估，才能建立合作夥伴關係。如，美國的反鬥城、法國的家樂福等。如果生產加工企業要做上述品牌的訂單，就必須通過 SA8000 認證，否則就拿不到訂單。國內許多生產紡織、服裝產品的企業都因達不到

SA8000這一標準而失去了數以百萬美元計的訂單，更有企業因國外採購量的銳減而不得不關門倒閉。截至2004年5月，約有85%的中國生產製造企業遭受了由實施SA8000標準帶來的直接或間接影響，有的企業因為表現良好獲得了更多的訂單，部分企業則因為沒有改善的誠意而被取消了供應商資格。

二、實施SA8000標準，增加了企業成本，降低了出口產品的競爭優勢

李嘉圖的比較優勢貿易理論認為，比較優勢的存在是國際貿易產生的原因，參與國際分工的國家應該生產並出口本國具有比較優勢的產品，進口比較劣勢的產品。中國具有勞動資源密集和人力資本低廉的優勢，生產並出口勞動密集型的產品符合中國國情。但是，實施SA8000標準，增加了企業的成本支出。

（一）SA8000認證的收費

據香港一家諮詢公司介紹，要獲得SA8000認證，製造商和供貨商必須支付的費用包括：

（1）500美元的申請費；

（2）每人次的審查費×天數；

（3）交通和翻譯費用；

（4）5個月后，5個監督員進行為期3天的審查，每天每個監督員的費用是750美元，共11,250美元；

（5）改善勞工條件的支出——根據數量和違反類型。

SA8000成員支付的年費按照他們的收入來決定：

1級：收入低於2,500萬美元的，年費為1,500美元；

2級：收入在2,500萬～10,000萬美元之間的，年費為3,500美元；

3級：收入在10,000萬～50,000萬美元之間的，年費為5000美元；

4 級：收入在 50,000 萬 ~ 100,000 萬美元之間的，年費為 7,500美元；

5 級：收入在 10,000 萬 ~ 1,000,000 萬美元之間的，年費為 10,000 美元；

6 級：收入在 1,000,000 萬美元以上的，年費為 1.5 萬美元；

非營利組織有 20% 的優惠。

(二) SA8000 標準的設置，迫使很多出口企業投入巨大的人力、物力和財力去申請與維護這一認證體系

現階段，中國服裝、紡織、制鞋等行業的大部分企業都存在著工作時間較長、職工福利較低、生活環境較差等現象，要完全達到 SA8000 的標準，需要有較大的投入，這樣勢必增加產品的成本。而對中國目前主要以低價為競爭手段的企業來說，將在一定程度上削弱其產品的競爭力。

企業通過 SA8000 標準認證的具體收費因各認證機構而異，與企業人數掛勾。一般 1,000 人左右的企業收費在 20 萬元上下，1,500人的企業平均收費是 23 萬元，每半年復審一次，每次復審都需另繳費用，認證有效期三年，三年后要重新申請。此外，企業還必須投入大量的資金來改善勞工的工作條件、提高工資等。江蘇某公司準備通過 SA8000 標準的認證，初步測算這個 1,000人的企業，達到標準要增加投入 600 萬元人民幣，而企業由於沒有這個實力而只好放棄認證。

大批以外貿加工為主的中小企業，原本註冊資本就不大，又缺乏融資渠道，隨著跨國公司採購的日益全球化，企業所能贏得的利潤空間更是非常之小。這些企業要達到 SA8000 標準還有相當的難度，更何況要獲得 SA8000 認證，還需要給認證公司支付一筆不小的認證費和證書費。這無疑會增加企業成本，原有的競爭優勢將大打折扣或者不復存在。

三、給中國吸引外資和經濟發展帶來負面影響

中國加入 WTO 后，外商進一步加大了對中國的投資力度，大量的跨國公司將其生產環節乃至在其他國家開辦的工廠的部分或全部遷到了中國。有的地區總部、研發機構和採購機構也進駐中國沿海地區，從而提高了中國出口產品的技術含量，加速了中國產業的升級，從整體上增加了中國的出口能力和國際競爭力。

跨國公司向中國轉移的主要動力之一是中國廉價的勞動力。以紡織業為例，中國紡織工人的工資水平約是泰國的一半，日本的 1/40，美國的 1/20。中國勞動力資源豐富，勞動密集型產業的發展對中國國民經濟的增長和解決就業具有重要的意義。實施 SA8000 標準認證，中國的勞動力優勢可能會減弱，從而影響外資的投入，進而影響中國經濟的發展。

第五節　應對藍色貿易壁壘的策略分析

出口貿易的發展不僅要有數量的增長，更重要的是要有質量的提高、生態環境、勞工條件和整個社會的協調發展。中國作為一個勞動力資源豐富的大國，如何在保持勞動力價格優勢、保障更多就業崗位與改善勞動條件、維護勞動者權益之間取得符合中國經濟發展水平的平衡，是應對 SA8000 策略的出發點。

一、把「藍色貿易制度」作為可持續發展的貿易戰略

勞工問題的全球化性質需要各國採取協調統一的藍色貿易制度，藍色貿易制度既有利於發展中國家不斷改善勞工條件，又有助於規避發達國家借所謂的勞工問題設置藍色壁壘，形成合理公正的國際貿易秩序。藍色貿易制度是保護生產經營主體

勞工者權益，推進國際貿易發展的最有力的激勵機制，是中國經濟融入經濟全球化浪潮和實現可持續發展的可靠保證，是規範各類勞工貿易措施的根本途徑。

(一) 建立藍色貿易制度的可行性分析

藍色貿易制度的出現和不斷強化既是時代進步的體現，又是國際經濟、社會和科技不斷發展的產物。隨著社會的進步及人民生活水平的提高，人們對安全、健康、環保的意識逐步加強，可持續發展理念深入人心，因而要求國際貿易中的產品及其生產加工過程都不能以犧牲勞動者的健康為代價。

1. 消費者對產品效應評價的價值觀念發生了較大變化，實行藍色貿易制度符合消費者對產品的價值取向

近年來歐美國家的調查結果表明，70% 的消費者認為公司對社會責任的承諾是他們購買產品或服務時考慮的一個重要因素，50% 以上的消費者表示他們將會對沒有社會責任的公司採取負面的行動，包括自己不購買和告訴親友不要購買該種產品，向有關部門舉報該種產品等。

在消費者看來，凡是將企業的社會責任和商業責任相結合的企業，通常不會是唯利是圖的奸商，並且會把社會責任意識滲透到產品設計、生產流程、產品檢驗和產品銷售等各個環節。在以人為本的企業，員工必定會以維護企業的聲譽和形象為己任，為企業的持續發展做出自己的貢獻。

消費者願意用較高的價格購買社會責任程度較高的企業生產的產品。由於消費者並不能完全瞭解產品生產的全過程，他們主要通過產品能否通過有關社會認證部門的認證這一結果來判斷產品的性能和品質。

2. 企業勞動力成本和勞工標準應該根據國家的經濟發展水平來確定

隨著經濟發展水平的提高，中國需要逐步調高勞工標準，

使勞動力成本和勞工標準在特定經濟發展水平下保持相對合理的值。

(1) 改革開放以來，中國經濟取得巨大發展，但工資水平增幅卻很小。隨著中國綜合實力的增強，應逐漸提高最低工資標準，以更加真實確切地體現中國產品中的勞動力成本。

就中國珠三角地區的出口企業來說，十幾年前出口企業生產工人的月工資平均在 500 ~ 700 元，而十幾年后的今天，這個數字變化不大，許多企業的工人只能按當地的最低工資標準 850 ~ 1,320元來拿工資。工人的其他福利更是無法得到保障，任意延長工人工作時間而不予任何報酬的現象也很常見。

在中國的 GDP 構成中，企業所得遠高於勞動者所得，表明廣大勞動者沒有充分分享到經濟發展的成果。進一步提高中國的工資標準既有可能，又有必要。中國「十一五」期間，調整投資和消費的關係，實行了「兩手抓」的政策。除了繼續控製投資的過快增長外，另一方面就是不斷地擴大國內的消費需求，而從根本上說，就是提高人民群眾的收入水平。

事實上，提高工資標準、改善用工環境已經成為某些經濟發達地區進一步推動經濟發展所面臨的最迫切問題之一，2004 年、2005 年在廣東、浙江、福建爆發的「民工荒」就是最好的例證。由於長期的低工資狀態，曾經作為外出務工人員首選的珠三角和長三角地區正在逐漸喪失對這些務工人員的吸引力。中國作為發展中國家，反對將勞工標準與國際貿易直接掛勾，但是，經濟發展應與社會發展同步，中國需要適時調整工資標準以適應社會經濟發展的需要。

(2) 目前，中國的勞動力成本僅是西方發達國家的四五十分之一，甚至比東南亞許多落后國家還要低 (見表 8.2)。

表 8.2　世界紡織工人人均小時工資的比較　單位：美元

國家	中國	日本	美國	韓國	土耳其	印度	巴基斯坦	泰國
1998 年	0.62	20.70	12.97	3.63	2.48	0.60	0.40	1.09
2000 年	0.69	26.14	14.24	5.32	2.69	0.58	0.37	1.18

資料來源：Robin Anson, Trends in World Textile and Clothing Trade [J]. International Textile Outlook, January - February 2003.

出口產品的成本過低帶來的弊端已經日趨明顯：一方面國際社會針對中國出口產品的反傾銷案件風起雲湧；另一方面發達國家的社會和勞工組織反華情緒日益高漲，對中國的國際影響和經貿事業的發展都產生了很不利的影響。在這種情形下，繼續依靠低勞工標準的低成本擴張法，無論對企業還是對整個國家來說都是不可取的。

從整體上看，中國現行的工資標準低於世界上的絕大多數國家，即使適當地提高，其整體水平仍然要低於大多數國家，中國的勞動力優勢仍然存在。

SA8000 標準的國際化實際上已宣告了中國靠廉價勞動力發展階段的提前結束。依靠廉價勞動力獲取的產品競爭力並不能長久保證中國經濟的協調發展，如果這種狀況繼續的話，不僅會影響企業勞動關係的穩定，而且會危及社會經濟和政治的穩定。

3. 重視勞工權益保護有利於企業的可持續發展

雖然短期來看，重視勞工權益保護會增加企業的成本支出，但從長遠來看，有利於企業的可持續發展，加快企業國際化的進程。現代企業越來越注重「人本管理」，強調重視勞工的權益，在經營的同時不忘員工的權益與發展，在經營的同時承擔起社會責任。主動承擔社會責任是企業長期成功的必然選擇。實際上，SA8000 關注的勞工問題正是中國企業乃至整個社會所關注的問題，體現了「以人為本」的思想。

在經濟全球化的發展進程中，企業的競爭已經從單純的比價格、比質量、比服務逐漸延伸到追求產品的性能、品牌和生產這些產品的企業的聲譽。企業能否出色地履行其所應承擔的社會責任已經成了企業核心競爭力的一個重要組成部分。國外一些知名品牌的跨國公司之所以積極推崇 SA8000 認證，就是為了避免他們生產的產品和供應鏈上的企業違反法律或國際勞工標準，損害他們的品牌形象，從而對其企業的競爭能力造成損害。

中國加入 WTO 以后，在國際市場上參與的不僅是純粹的市場競爭，還有勞工標準的競爭，合理的工作條件和融洽的勞資關係已經成為一種新的競爭優勢。儘管有的勞工標準帶有貿易壁壘的目的，但是勞工權益保護是經濟全球化發展的必然趨勢，也是中國融入世界經濟的必然要求。如，沃爾瑪全球採購總部駐深圳辦事處總裁對希望成為沃爾瑪供貨商的中國企業再三強調的「原則」是：所有供貨商均要遵守所在國的適用法律和美國法律，尤其是勞工法，在薪酬、工時、禁用童工、工作環境保護等方面，均應嚴格合法合理，而且要求供貨商像沃爾瑪一樣將員工作為公司的合作夥伴。

國內外實踐表明，企業進行良好的社會責任管理，不僅可以獲得良好的社會效益，而且可以獲得長遠的商業利益。聯志玩具禮品（東莞）有限公司是香港聯志集團旗下的一家公司，主要為國際快餐業巨子——麥當勞生產系列玩具禮品。1997 年，該廠在認識到「沒有 SA8000 就沒有訂單，沒有訂單就沒有發展」后，主動改善工作環境，嚴格按 SA8000 標準對廠裡的各項工作環境進行改造。1997 年率先通過了 SA8000 認證，是中國大陸最早通過該認證的企業之一。由於較好地執行了 SA8000 標準，不僅麥當勞在該廠下的訂單很穩定，還吸引了其他採購商的大量訂單。

世界上發展好的企業，都是將社會的需要作為生存的條件和發展的理由。產品管理體系的認證、產品質量和環境的認證都是企業通向國際市場的一盞綠燈。實施企業社會責任的企業明顯地提高了企業形象，也是企業發展的持久動力。

4. 中國的許多企業經過一段時期的發展，已經渡過了創業初期的艱難

中國的許多企業經過一段時期的發展，已經渡過了創業初期的艱難，進入了成熟的良性發展時期，這些企業已經有了足夠的能力達到 SA8000 標準的要求。

實行藍色貿易制度必然會引起產品成本的相應提高，進而影響產品的比較優勢。可是，產品的比較優勢不僅包括生產成本優勢，還有技術優勢、生產規模優勢、產品性能優勢、市場營銷手段優勢等。勞工條件的改善所增加的僅是生產成本，然而在完善的「藍色貿易制度下」，卻可以使產品的其他優勢凸現，彌補因生產成本增加而帶來的利潤減少，進而增強企業的競爭能力。

在實行嚴格企業社會責任標準的條件下，企業必然會提高管理效率，降低交易成本，加快技術革新和改造，從而必然帶動企業整體管理素質的提高。我們發現，當通過 SA8000 標準認證時，企業更容易激發創新精神，開發出新的適用技術和產品，從而能夠更快地形成新的競爭力。如華藥股份公司 2004 年 3 月啓動該認證，成立了認證推進組，以網絡化方式快速推進，在短時間內完成相關文件的編寫工作，並於 5 月 1 日開始正式實施。法國 BVQI（北京）有限公司於 9 月對華藥股份公司進行了為期 5 天的現場審核，審核組成員對華藥 SA8000 管理體系運行狀況給予較高評價，認為運行狀況良好，華藥一次通過現場審核，從而成為中國醫藥行業第一家通過國際 SA8000 管理體系認

證的企業。

現階段，中國有不少類似的企業，其生產和勞動環境已經具有較高的水平，有足夠的能力申請並通過 SA8000 認證。

（二）建立「藍色貿易制度」的具體要求

針對中國企業勞工存在的問題，我們應該把 SA8000 標準視為對症之藥，切實解決存在的問題，建立藍色貿易制度。

1. 政府應該積極採取措施改善國內勞工條件

（1）政府相關部門應密切關注 SA8000 標準，依據相關行業和工業勞動標準修改和完善有關勞動立法，建立更加靈活的勞動標準。

中國的許多地區已經開始逐步提高最低工資標準。據調查，深圳市在 2005 年 7 月 1 日將當地最低工資標準大幅上調，比原標準提高 100 元。調整后的深圳特區內最低工資水平在全國各省市中居第一位。北京、上海也分別在 2005 年提高了各自城市的最低工資標準。

（2）有關監督部門要依據目前已有的相關行業和工業勞動標準，不定期地對企業進行抽查，對使用童工、違反工資和工時規定，存在嚴重危害職工安全的企業處以重罰。

（3）為工人反應情況創造便利的溝通渠道以保護其權利。如提供免費投訴電話、投訴信箱以及建立專門的投訴網站等。

（4）成立專門的工作領導小組，積極為企業提供諮詢和信息服務。

2. 企業應該有一種長遠的發展觀點，自覺保護勞工權益

（1）在企業管理組織架構層次中，把勞工保護理念從上到下貫徹到各個管理層次中，從制度上樹立以人為本的觀念，建立真正意義上的「人力資源管理」。通過激勵、調動和發揮職工的積極性和創造性，引導職工實現預定的目標；改善勞動管理，促使薪酬結構合理與激勵手段多樣化，最大地激發人力資源的

創造性。

（2）嚴格遵守國家勞動法規，保護職工利益，切實採取措施改善勞工條件。加強對生產環境、職工工作生活條件的投資和管理力度，保證企業的健康營運。

（3）重視本行業勞工標準信息的收集和分析。要善於充分利用政府和行業仲介機構所提供的行業標準信息、要善於充分發揮國外代理商和當地營銷人員便於收集信息的作用，盡早發現行業的最新進展和客戶的最新要求。對行業標準和客戶的最新要求要組織學習，必要時派員參加培訓或請客戶或行業專家來進行培訓。

（4）及時改變傳統的低價競爭戰略，及時調整產品結構，加大產品創新和技術創新的力度，加快科技成果轉化和技術引進，提高商品的科技含量和附加值，強化品牌管理，樹立質量取勝、品牌取勝的觀念，推行非價格競爭戰略，從整體上提高企業競爭力，從根本上突破藍色壁壘。

3. 宣傳、普及 SA8000 標準知識，鼓勵企業積極主動地認證 SA8000

（1）加大宣傳力度，引導國內的主要媒體對 SA8000 進行系列報導，並建立 SA8000 的網站及論壇，使企業充分認識 SA8000 標準，主動縮小與 SA8000 標準的差距。加強企業社會責任的培訓，培養企業和政府官員的社會責任意識，樹立危機感，依據中國《勞動法》和相關法律法規及有關行業勞動標準，使企業自覺地提高勞工標準，改善勞工條件，積極通過 SA8000 認證。

（2）在審核認證工作中：一方面，應立足中國國情，結合國際通用標準，建立、健全中國的認證指標體系，在勞動密集型的出口行業推廣應用，並開展自助認證，改變中國企業在社會責任問題上的被動現狀；另一方面，加強與國際權威認證機構的合作、交流，建立認證的相互認可機制，為企業取得國際認證創造更加有利的條件。

二、加強信息網絡建設，建立藍色壁壘預警機制

建立預警機制，對中國對外貿易的健康發展具有重大意義。因為國際標準化機構和各國政府及標準化機構經常對其技術法規和標準進行修訂，如果企業信息不暢，不能按照已經變化了的法規和標準生產產品，在出口時就會遭遇挫折。

政府相關部門和行業協會應組織有關專家加緊對發達國家和主要貿易夥伴國的勞工權益標準、勞工權益政策、有關法規、標準結構和內容進行研究，及時收集、整理、跟蹤國外的技術法規和標準的變化情況，建立信息中心和數據庫，並及時地將有關信息反饋給有關部門和企業，讓他們適時調整，盡快適應和滿足國際標準和進口國的社會責任要求，從而及時、有效地瞭解和應對「藍色壁壘」。

三、加大國際市場的開拓力度，促進出口市場多元化

中國出口市場高度集中，美國、日本、歐盟和中國香港地區是中國產品的 4 大出口市場。據海關統計，2005 年中國對這四個地區的出口額占中國總出口額的比重分別為 21.5%、14.9%、14.8%、18%，合計為 69.2%。面對歐美國家推行的「藍色壁壘」，政府應積極做一些推動工作，除了讓更多的企業熟悉其規則、運作方式以及樹立危機意識、自覺提高勞工標準外，還應該大力開拓與中國歷史上經貿聯繫比較密切的前蘇聯東歐國家和東盟國家的市場，擴大中國產品在這些市場上的佔有率。

四、借助 WTO 機制，積極參與國際多邊談判

社會條款雖然尚未納入到 WTO 的多邊體系中去，但勞工問

題與貿易掛勾是不可逆轉的趨勢，今后的多邊回合談判將不可避免地涉及社會條款。

我們作為 WTO 的成員國，應在 WTO 的協商機制下，與其他成員國一起明確並細化其使用規則，強調不能濫用，不能有國別歧視。外貿部門要積極參與 SA8000 標準的制定與完善。要從中國經濟和社會發展狀況出發，積極參加國際勞工組織關於貿易與勞工標準、經濟全球化的討論。

利用相關的一些條款和國際組織的協議，加強國際交流合作，利用國際力量，尤其是要聯合發展中國家，抵制發達國家的歧視政策，以保護中國對外貿易的順利發展。如果發達國家違反非歧視原則，對中國的出口產品規定高於其本國產品的指標，中國可以根據雙邊或多邊貿易協定所規定的國民待遇和最惠國待遇原則提出抗辯；充分利用國際有關協議中對發展中國家的特殊照顧的原則，進行雙邊磋商。

五、擴大市場准入，探索新的吸引外資的方式

目前，中國吸引外商投資的主要方式是政府的鼓勵性政策，即對國家鼓勵行業或地區的外商投資給予減免設備關稅、海關代繳增值稅和企業所得稅等優惠待遇。

在越來越重視企業社會責任的今天，「藍色貿易制度」的廣泛實施是必然趨勢，單純依靠過低的勞動力成本和優惠政策來保持競爭力，不但達不到目的反而會失去競爭力。因此，要真正保持競爭優勢，必須完善投資環境，從根本上消除制度性成本因素。

此外，還應該充分發揮各行業協會的作用，加強交流和協作，定期開展座談會，並邀請國內外相關領域的專家來演講，根據具體情況提出可行性方案。行業協會應在信息情報支持、組織企業應訴等方面發揮政府和企業無法替代的作用。

加入 WTO 年，中國已進入貿易摩擦的多發期。歐美等各國對中國出口貿易發起的密集性反傾銷，已經從出口產品價格的挑戰發展到對中國勞工政策的質疑。2004 年 3 月，美國勞聯—產聯要求政府對中國的勞工政策動用「301」條款實施懲罰就是例證。但不可否認，SA8000 的主要內容和國際勞工標準、企業社會責任一樣，它能推動企業員工基本權利的落實，貫徹「以人為本」的管理，促進經濟、社會協調發展。

對中國不少企業來說，SA8000 標準的選擇可能有些無奈，但是，應該認識到，在經過價格競爭、質量競爭之后，勞工標準、企業社會責任的競爭時代正在來臨，人道的工作條件和融洽的勞資關係正在成為一種新的競爭優勢。

勞動者權益保護是人類社會發展的一大進步，它在企業發展的同時更多地考慮到了人的發展，這與中國經濟發展的目的——讓更多的人享受到社會的發展、進步相吻合，也是中國建設和諧社會，堅持全面協調的可持續發展觀的體現。

國家圖書館出版品預行編目(CIP)資料

新貿易壁壘及其應對 / 趙育琴 著. -- 第一版.
-- 臺北市 : 崧博出版 : 財經錢線文化發行, 2018.10

面 ; 公分

ISBN 978-957-735-595-9(平裝)

1. 國際貿易

558.5　　　107017196

書　名：新貿易壁壘及其應對

作　者：趙育琴 著

發行人：黃振庭

出版者：崧博出版事業有限公司

發行者：財經錢線文化事業有限公司

E-mail：sonbookservice@gmail.com

粉絲頁　　　網　址：

地　址：台北市中正區延平南路六十一號五樓一室

8F.-815, No.61, Sec. 1, Chongqing S. Rd., Zhongzheng Dist., Taipei City 100, Taiwan (R.O.C.)

電　話：(02)2370-3310 傳　真：(02) 2370-3210

總經銷：紅螞蟻圖書有限公司

地　址：台北市內湖區舊宗路二段 121 巷 19 號

電　話:02-2795-3656　傳真:02-2795-4100　網址：

印　刷　：京峯彩色印刷有限公司（京峰數位）

定價：450元

發行日期：2018 年 10 月第一版

◎ 本書以POD印製發行